情報社会の先にある

「究極の知価革命」

堺屋太一の霊言

大川隆法

Ryuho Okawa

まえがき

前回の守護霊霊言から三年、今回は、本人の死後約一カ月の霊言である。評論家としては、政治・経済に関してはやはり弁が立つ。

平成の時代が終わり、「令和《れいわ》」が始まる前に、次々と著名な言論人が亡《な》くなってゆく。少し淋《さみ》しい気もするが、やはりこれも時代の流れだろう。

葬式が終わっても堺屋氏の頭はまだフル回転している。しかし、霊界についての知識はとぼしいらしく、折々《おりおり》に不安が頭をもたげている。霊界からの「知価革命《ちかかくめい》」は、本人にとっても未知のものだったろう。

ご生前の業績をしのびつつも、人間にとって、死後の世界への道案内がどれほど貴重《きちょう》なものかを示す参考文献になったと思う。

二〇一九年　四月十二日

幸福《こうふく》の科学《かがく》グループ創始者兼総裁《そうししゃけんそうさい》　大川隆法《おおかわりゅうほう》

堺屋太一の霊言　目次

まえがき　1

堺屋太一《さかいやたいち》の霊言《れいげん》

――情報社会の先にある「究極の知価革命《ちかかくめい》」――

二〇一九年三月十日　収録

幸福の科学　特別説法堂《せっぽうどう》にて

〈付録〉本編の前に現れた堺屋太一氏の「事前霊言」

二〇一九年三月十日　収録
幸福の科学 特別説法堂にて

「霊言現象《れいげん》」とは、あの世の霊存在の言葉を語り下ろす現象のことをいう。これは高度な悟《さと》りを開いた者に特有のものであり、「霊媒現象《れいばい》」（トランス状態になって意識を失い、霊が一方的にしゃべる現象）とは異なる。

なお、「霊言」は、あくまでも霊人《れいじん》の意見であり、幸福の科学グループとしての見解と矛盾《むじゅん》する内容を含《ふく》む場合がある点、付記しておきたい。

堺《さかい》屋《や》太《た》一《いち》の霊言《れいげん》

――情報社会の先にある「究極の知《ち》価《か》革命《かくめい》」――

二〇一九年三月十日　収録

幸福の科学　特別説法堂《せっぽうどう》にて

堺屋太一《さかいやたいち》（一九三五～二〇一九）

作家・評論家。大阪府《おおさかふ》出身。本名は池口小太郎《いけぐちこたろう》。東京大学経済学部卒。通産省に入省後、在職中に作家デビューし、『団塊《だんかい》の世代』が一世を風靡《ふうび》。また、官僚《かんりょう》時代に大阪万博《ばんぱく》を成功させた経験を生かし、退官後も各種博覧会のプロデュースに当たる。小渕《おぶち》・森《もり》内閣時に、民間から経済企画庁《きかくちょう》長官に登用（第55～57代）、さらに内閣特別顧問《こもん》も務める。主著に『峠《とうげ》の群像』『知価革命』『秀吉《ひでよし》』等。

質問者

綾織次郎《あやおりじろう》（幸福の科学常務理事 兼《けん》 総合誌編集局長 兼「ザ・リバティ」編集長
兼 HSU〔ハッピー・サイエンス・ユニバーシティ〕講師）

斎藤哲秀《さいとうてっしゅう》（幸福の科学編集系統括《とうかつ》担当専務理事 兼 HSU未来創造学部
芸能・クリエーターコースソフト開発担当顧問）

森國英和《もりくにひでかず》（幸福実現党選対委員長代理 兼 党首特別補佐《ほさ》）

［質問順。役職は収録時点のもの］

1　死後一カ月、霊言《れいげん》をしに来た堺屋太一《さかいやたいち》氏

「私の霊言のニーズはないのか」と訊《き》いてきた堺屋氏

大川隆法　堺屋太一《さかいやたいち》さんについては、三年ほど前に守《しゅ》護霊霊言《ごれいれいげん》を録《と》っておりますので、概要《がいよう》はそう変わらないのではないかと思いますけれども……。

堺屋さんは、一カ月ほど前の二月八日に八十三歳《さい》で亡《な》くなられましたが、こちらに（霊として）来ないので、「来ないんだな」と思ってはいたのです。

こちらも、「台湾巡錫《たいわんじゅんしゃく》」があったため、意識をなるべくそちら（台湾巡錫）に向けていて、こちら（堺屋氏）には向けていなかった面もあります。

●三年ほど前に……　2016年2月5日収録「堺屋太一『政治・経済・宗教を語る』―守護霊インタビュー―」。『守護霊インタビュー　堺屋太一 異質な目　政治・経済・宗教への考え』（幸福の科学出版刊）参照。

ところが、先ほど、今日（二〇一九年三月十日）の昼ごろ、ふと、お出《い》でになって（本書の付録参照）、「私の霊言のニーズはないんでしょうか」という感じで訊《き》いてきたので、「うーん、どうですかね。三年前に本を出しているし、（概要が）一緒《いっしょ》だったら要《い》らないかもしれないので、（ニーズがあるかどうか）分からない」というような話をしたのです。

そうすると、「ニーズがあるかないか、総合本部に問い合わせてくれ。『ない』と言うのなら謙虚《けんきょ》に引き取り、『もう忘れられた人間だ』ということで、諦《あきら》める」とのことでした。

ただ、「諦めるけど、●毛沢東《もうたくとう》が『幸福の科学出版の佐藤《さとう》社長を二月にあの世に連れて行く』というようなことを言ったのに、まだ実現できていないようだから、四月以降、（毛沢東に）協力して、実現するように〝頑張《がんば》ろうかな〟とは思っている」というようなことも言っていたので、「結局、霊言を出したいんでしょう」と総裁補佐《ほさ》は言っていました。そういうことなのだろうとは思います。

●**台湾巡錫**　2019年3月3日に台湾・グランド ハイアット 台北《タイペイ》にて、「愛は憎しみを超えて」と題して説法《せっぽう》を行った。『愛は憎しみを超えて』（幸福の科学出版刊）参照。

評論家としては一流で、日本政治の参謀《さんぼう》だった

大川隆法　堺屋さんの霊言に新しみがあるのかどうかは分からないのですが、彼の死を維新《いしん》の会の人たちは残念がっているようではあります。

評論家としては、一流であった方でしょう。竹村健一《たけむらけんいち》、渡部昇一《わたなべしょういち》、堺屋太一、日下公人《くさかきみんど》、それから、もう亡くなられましたが外交評論家の岡崎久彦《おかざきひさひこ》、このあたりの方々が保守の言論家でした。

朝日・岩波系が強かった言論界において、彼らが保守のほうの言論を張っていかれたのと、幸福の科学が出てくるのとが、だいたい同じような時期であったのではないかと思っています。

堺屋さん本人としては、「（幸福の科学に）出なくてはいけない理由は、それほどない」と考えているとは思うのですが、「死後、霊言が出る人と出ない人とがあると、『何か差があるのか』と考える人もいるのではないか」と読んでいるようです。

●毛沢東が……　『毛沢東の霊言』（幸福の科学出版刊）参照。

差があるかどうかは分かりませんが、堺屋さんには日本の政治の参謀《さんぼう》的な部分もあったかとは思うので、何か聞き出せることがあれば、訊いていただければ幸いかと思います。

「（霊界《れいかい》での）行き先を決めてくれ」

大川隆法　堺屋さんの本はたくさん出ています。

現役《げんえき》の通産官僚《かんりょう》だった時代に、覆面《ふくめん》で、「油《あぶら》が断《た》たれる」と書いて『油断《ゆだん》！』（一九七五年刊）を出していますが、これは私も覚えています。当時は、「誰《だれ》だろう、これは」「なぜ、ここまで裏事情を知っているんだろう」ということを探《さぐ》られたわけですが、実際は、公表された資料だけを使って書いたようです。それがヒットしたので、やがて役所を辞《や》めることになりました。

『団塊《だんかい》の世代』（一九七六年刊）という本もあります。私が商社に入ったころ、人事部長から、「団塊の世代の定義を言え」と言われた覚えがあります。読んでいなかったので困ったのですが、適当にごまかして言ったら、「ああ、そうですね」と言ってもらえました。

ほかに、『峠《とうげ》の群像』や『知価革命《ちかかくめい》』もあります。後者は、「知価（知識の価値）社会の時代が来る」というものですが、難しい本で、読んでもあまりピンとこなかったように思います。

それから、『秀吉《ひでよし》』『巨《おお》いなる企《くわだ》て』『世界を創った男 チンギス・ハン』なども出しています。

今日、堺屋さんは、「習近平《しゅうきんぺい》のことを聞きたいのなら、チンギス・ハンのことを勉強した私に意見を訊くべきじゃないか」というようなことを言っていましたが（注。習近平・中国国家主席の守護霊は自《みずか》らをチンギス・ハンであると語っている。『世界皇帝《こうてい》をめざす男――習近平の本心に迫《せま》る――』〔幸福実現党刊〕参照）、「何にでも答える」というスタンスではありました。

また、生前には勲章《くんしょう》（旭日大綬章《きょくじつだいじゅしょう》）も頂いているようです。

ただ、亡くなって一カ月ぐらいであり、まだ行き場が決まっていないようではあるので、裏の事情としては、「何か協力してもいいから、（霊界《れいかい》での）行き先を決めてくれ」というか、コネを求めていて、「どこか、いいルートがあるんじゃないか。コネをつけて、どこかに引っ張っていってもらいたい。いいところに連れていってもらいたい」という考えがあるように思いました。

評論家・堺屋太一氏を招霊《しょうれい》する

大川隆法　前置きとしては、そんなところです。

（質問者に）あとはよろしくお願いします。

綾織　お願いいたします。

大川隆法　今の新入（職員）ぐらいの方だと、もう堺屋さんのことを知らない人もいると思いますが、四十歳以降の方はよくご存じかと思います。

（合掌《がっしょう》・瞑目《めいもく》をして）それでは、評論家で大臣も経験されました堺屋太一さん、一カ月ほど前に亡くなられました堺屋太一さんの霊《れい》をお呼びいたしまして、霊言をしたいと思います。

堺屋太一さんの霊よ、どうか幸福の科学 特別説法堂《せっぽうどう》に降りたまいて、その霊言を頂ければ、幸いでございます。

（約十秒間の沈黙《ちんもく》）

2　死後一カ月間の過ごし方を語る

「この世とあの世の境界線」にいる堺屋氏

堺屋太一　うーん……。

綾織　こんにちは。

堺屋太一　うーん、「三年前に（守護霊霊言《しゅごれいれいげん》を）録《と》ったから、（もう）いい」という感じですか。でも、（今回は）本人です。

インタビューに答える生前の堺屋太一氏（2018年11月1日）。

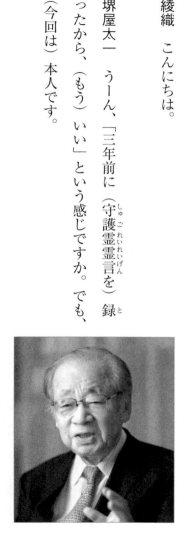

綾織　そうですね。

堺屋太一　本人だから、（前回と話の内容が）違《ちが》うかもしれない。

綾織　「守護霊さんのお考え」と、「ご本人のお考え」とでは、おそらく、違う点が多々あると思います。

堺屋太一　死んで、まさしく、君の「ザ・リバティ」（幸福の科学出版刊の月刊雑誌）なんかにとっては、ほんとに取材したいぐらいのターゲットなんじゃないかなあ。

綾織　そうですね。

堺屋太一　すごくこの世的な雑誌だろう？　ちょうどいいじゃん。

綾織　いや……（苦笑）。

堺屋太一　この世的で、あの世との境界線すれすれのところを走っている雑誌だよね？

綾織　まあ、（この世とあの世を）行ったり来たりしている感じはあります（笑）。

堺屋太一　そのあたりだよね？（それは）ちょうど今の私の境遇《きょうぐう》と似たところだからなあ。

綾織　なるほど。

死後一カ月間、東京と大阪《おおさか》を行ったり来たりで挨拶《あいさつ》回り

綾織　では、「境界線上」ということで、いろいろとお伺《うかが》いしたいと思います。お亡《な》くなりになったのが二月八日なので、一カ月と少したち、境界線のあの世側に入った状態だと思うんですけれども。

堺屋太一　まあ、死んだことぐらいは分かっている、うん。さすがに、そう言うほど無神論、唯物論《ゆいぶつろん》ではない。だから、死んだことぐらいは分かっている。

綾織　はい。この一カ月間を、どのように過ごされたのでしょうか。

堺屋太一　いやあ、それは、大阪《おおさか》と東京を行ったり来たりだわ。

綾織　ああ、忙《いそが》しいですね。

堺屋太一　うーん、いろいろ、知っている人がいるからさ。行ったり来たりしているうちに一カ月たっちゃった。

綾織　なるほど。どういったところに行かれたんでしょうか。

堺屋太一　政界、財界、いろいろ知り合いは多いからね。

綾織　そうですね。

堺屋太一　挨拶《あいさつ》回りって、あるじゃない？

綾織　はい。

堺屋太一　〝転勤〟の挨拶だよな。まあ、それで回っとったんだけどね。

「〝天国に行ける〟ためなら、かつての同志も裏切る気で」

綾織　特に名残惜《なごりお》しかった方はいらっしゃいますか。

堺屋太一　うーん。いろいろな人と付き合いがあるし、そんなに深いところまでは行かないで、幅広《はばひろ》く付き合うのが私の流儀《りゅうぎ》なので、あれですけどね。

まあ、評論家なんかで生きていくには、「浅く広く」っちゅうのがコツでね。深く入れ込《こ》みすぎたら、火傷《やけど》をするからね。そのくらいの感じなので。

今日は、〝天国に行ける〟ためなら、かつての同志も裏切る気で来てはいるので、君たちに都合《つごう》のいいことを何か幾《いく》つか積み立てて、交換《こうかん》に（天国に行く）〝推進器〟

を付けてもらわなきゃいかんわ。

綾織　なるほど。あの世でもこの世でもそうなんですが、ある種の「正直さ」というものが、「天国のどういうところに行くか」を決めることになるんですけれども。

堺屋太一　うーん。それは、言論人に「正直さ」を求めるのは無理だよ。

綾織　そうですか。

堺屋太一　いや、食っていけなくなるもん、すぐ。やっぱり、そのときそのときで好きなことを言うとるからさ。

綾織　なるほど。できるかぎり正直にお伺いしていきたいと思いますけれども。

堺屋太一　まだねえ、「できたて、ほやほやの餅《もち》」みたいなものだから、固まっていないからね。だから、この世の人間だか、あの世の人間だか、自分の言っていることが、ちょっと分からないような状態での答えになるけどね。君が諭《さと》してくれるなら、ありがたいと思っている。

綾織　まあ、そういうところも出てくるかもしれませんけれども。

堺屋太一　だけど、（質問者たちを指で指して）〝毛坊主《けぼうず》〟だな、みんな。（髪《かみ》の）毛が生《は》えて（いて）……。

斎藤　〝毛坊主〟（苦笑）。

堺屋太一　うん。
宗教的には「四十九日《しじゅうくにち》」で行き先が決まるが……
斎藤　宗教的には、「四十九日《しじゅうくにち》」のあたりで、だいたい行き場が決まってきます。
堺屋太一　そうなんですよ。
斎藤　あと二週間から三週間すると……。
堺屋太一　いやあ、もう迫《せま》っているんですよ。
斎藤　堺屋先生の……。

堺屋太一　迫っているんですよ。

斎藤　行き場所が決定するわけでございます。

堺屋太一　うんうん。君、急に、いやらしい言い方をするじゃないですか。

斎藤　いやいや、今日は、思いの丈《たけ》を、ぜひ、われわれ一同にご開示いただければと思います。

堺屋太一　「判定会議」かよ。

いや、一回ぐらい、大川隆法さんに挨拶に来なきゃ……、ああ、（守護霊が）一回来たか。まあ、「本人が一回は来るべきかな」と思って、いちおうね。亡くなられた方の霊言が出ているじゃない。なあ？

綾織　はい。

堺屋太一　だから、その並びでいったらね、絶対、長谷川慶太郎《はせがわけいたろう》さんや竹村健一《たけむらけんいち》さんも、亡くなられたら出るつもりで待っているはずだからさ。私も出とかなきゃいけないなとは思っているんだけど。

綾織　なるほど。

渡部昇一《わたなべしょういち》氏や岡崎久彦《おかざきひさひこ》氏、谷沢永一《たにざわえいいち》氏には、まだ会えていない

綾織　幸福の科学で霊言を出させていただいている、渡部昇一《わたなべしょういち》先生とか、岡崎久彦《おかざきひさひこ》先生とか、谷沢永一《たにざわえいいち》先生とか……。

堺屋太一　ああ、そうだね。もう、（死んでから）だいぶたったね。

綾織　このあたりの方とは、お亡くなりになったあと、接触《せっしょく》はあったんでしょうか。

堺屋太一　うーん。まあ、今日、ここで〝裁判〟をされて、「よかった」ということになれば、公式に会えるぐらいの感じかなあ。

綾織　なるほど。では、まだ、あの世の霊の方とは会っていらっしゃらない？

●渡部昇一先生とか……　（右から）『渡部昇一　日本への申し送り事項　死後21時間、復活のメッセージ』『渡部昇一　死後の生活を語る』『外交評論家・岡崎久彦―後世に贈る言葉―』（いずれも幸福の科学出版刊）、『幸福実現党に申し上げる―谷沢永一の霊言―』（幸福実現党刊）参照。

堺屋太一　いや、いるけどね。いるけど、何かそういう、「上」で満足しているやつらは、あんまり来ていないね。

綾織　なるほど。

堺屋太一　まだ来ていないから、「あいつがどうなるか、見ていよう」みたいな感じかなあ。

綾織　（笑）なるほど。そうですか。

堺屋太一　チッ（舌打ち）。俺《おれ》に霊界《れいかい》を説明させるのは無理だけどさ。でも、「もうすぐ渡部昇一さんの二周忌《き》になるから、また出そうか」とか、（大川総裁たちが）話していたから、「そんな一人で三冊も出さんでもええやろうが」っていう感じも

●また出そうか……　本霊言収録後の3月13日、「渡部昇一の霊言」が収録された。

ちょっとあってなあ。私だって、現代の問題、今抱《かか》えている問題に答えられるし。

亡《な》くなった家族等が来ているかどうかも、よく分からない

綾織　ご家族とかは、いらっしゃっていないんですか。お亡《な》くなりになっているご家族や親族、友人……。

堺屋太一　うーん。まあ、来ているような気もするけど、何かね、半分夢のような感じで、「夢」やら「現実」やら、はっきりしないんだよな。

綾織　なるほど。

堺屋太一　ボーッとしていて、まだ、こちらの世界の感じに慣れられない状態で。ちょっとボヤーッとしていて、ほんとに来ているんだか、来ていないんだかが、よ

く分からないような感じだなあ。

綾織　なるほど。まさに「境界線上」という状態……。

堺屋太一　そうなんだ。「境界線」なんだよ。「リバティ」の守護霊になるかどうか、今、迷っているあたりだから。

綾織　まあ、そのあたりも、ちょっと……。お話を進めていくと、だんだん感覚も変わってくるかと思います。

堺屋太一　ああ、そうなの？　うーん。

3

維新《いしん》の会と橋下徹《はしもととおる》氏の今後

橋下徹氏について「残念。総理には……」

綾織　では、この世の話を少しお伺《うかが》いしていきたいと思うのですが、直近のお仕事としては、「大阪維新《おおさかいしん》の会」……。

堺屋太一　ああ。

綾織　まあ、「維新の会」ですね。堺屋さんは、これを応援《おうえん》し、バックアップしていたわけです。守護霊《しゅごれい》さんにもお話をお伺いしてはいたのですが、正直なところ、ご本人としては、(「維新の会」の)何をいちばん買われていたんでしょうか。

堺屋太一　うーん。まあ、橋下《はしもと》（徹《とおる》）君とかねえ、「若い総理でやらせてやったら面白《おもしろ》いかな」なんて思ったりもしたんだけどね、年寄りとしてはね。テレビでも人気やったしさ、変わったことをやりそうじゃないか。だから、そういう意味で、「面白みがあるかなあ。従来の政治家と違《ちが》うところもあるけど、どうだ」っていう感じがあったので。

まあ、「大阪圏《けん》」っていうかなあ、こっちにも関心が私にはあったんで。出身はそっちのほうだからね。

だけど、客観的に（見て）橋下君も終わったかな。残念。総理にはなれないなあ。維新も、もう……。今回、（大阪府知事と大阪市長の）●ダブル選か？

綾織　はい。「都構想」ということで。

●ダブル選……　本収録後、大阪府知事選挙と大阪市長選挙のダブル選挙が4月7日投開票で行われ、「大阪都構想」の推進を目指す大阪維新の会の吉村洋文《よしむらひろふみ》前市長が知事選で、松井一郎《まついいちろう》前知事が市長選でそれぞれ当選した。

堺屋太一　また同じことをやって……。府知事と市長がクロス選をして、また「大阪都構想」で（信を）問うっちゅうの？　もう、これで終わる。終わるな。

綾織　なるほど。

堺屋太一　これはもう二番煎《せん》じで、〝出し殻《がら》〟だわな。これで最後だね。だから、もう消えていくだろう。しょうがない。そんなもんだ。

ちょっと、石田三成《いしだみつなり》の、〝にわか天下〟を取ろうとした試みみたいなもんで、まあ、終わったな。

綾織　なるほど。

堺屋太一　うん、もう終わったな。

大阪《おおさか》都構想の本質、どう見るべきなのか

森國　いろいろと反省をめぐらせておられると思いますが、大阪《おおさか》維新に足りなかったのは、どういうところでしたか。

堺屋太一　しょせん大阪は大阪だったんだよ。だから、東京のほうが強かったよね。大阪には、そんなに、みんな……。大阪出身の人は、ちょっとは、それは共感するけどさ、関西圏の人は。

だけど、東京の人は、大阪駅へ行くのと同じ時間で全国に行ける。日本は東京とつながっているからね。「大阪都」なんていうのは、言っても、「何のメリットがあるやら、さっぱり分からん」っていう感じかな。〝昔返り〟かな。〝昔返り〟の感じに見えたんかね。全国的には、それほど魅力《みりょく》はなかったわね。だから、地元だけの話題で……。

ただ、「大阪都になって、東京都と東西で相撲《すもう》をする」っていうようなのは、傍《はた》目《め》には面白いけど、やっている本人たちにとっては、そんなに面白いことではなかろうな。

まあ、政権中枢《ちゅうすう》部としては、国会の投票で保守系の票を多く取るために、野党を潰《つぶ》してくれる分には構わないし、（維新の票も保守系の）票数として数えられるけれども、「首都を弱らせて、首相官邸《かんてい》の機能を奪《うば》うつもりでやるのなら、それは潰す」っていうぐらいのスタンスかな？　だから、ずっとは乗り切れなかった感じですね。

幸福実現党は「見え見え」すぎる

綾織　先ほど、「橋下徹さんのトリックスター的なところを評価している」というようなお話がありましたが、一方で、幸福実現党も、「いろいろな考え方」「新しいアイデア」、あるいは、「未来を指し示す」という部分では、トリックスター的なところがあるとは思うのですけれども。

堺屋太一　いやあ、「見え見え」で。ちょっと見えすぎててね。

綾織　見えすぎる？

堺屋太一　「トリックスター」とは言えないんじゃないか。

綾織　ああ、なるほど。

堺屋太一　みんな、もう、「見え見え」だったからね。もう見えてたから（笑）。「見え見え」だったね。やっぱり、教団の〝あれ〟だろう？　〝天下取り〟だろ？　そんなの、「見え見え」じゃん。

綾織　教団の？

堺屋太一　うん。教団が〝天下取り〟をするための手段じゃん。そりゃあ、みんな、そう思ったよ。

綾織　うーん、そういう、自分の団体のことを考えているわけではないんですよ。

堺屋太一　いや、考えてないわけないでしょう？　あんた。お金が要《い》るもん。

『何もしなかった日本』で終わることを危惧《きぐ》」した幸福実現党

森國　立党した二〇〇九年には、明らかに国益のところで危機が来ていました。また、現在の安倍《あべ》政権を見ていても、堺屋先生がお書きになった、『平成三十年』という小説の「あとがき」のなかで、「結局、平成三十年（二〇一八年）が終わったときに、『何もしなかった日本』で終わるのではないかという危惧《きぐ》がある」というようなことを述べられていたように……。

堺屋太一　うーん。君も、ちょっとは読んでるんやなあ。そうか。

森國　はい。

堺屋太一　勉強してるんだ。じゃあ、認めてやらなくちゃ。

森國　ちょうど、二十年くらい前に書かれた小説だったと思うのですけれども。

堺屋太一　そうだね。

森國　本当に、今の世相を辛辣《しんらつ》に言い当てていらっしゃるなと思いました。

堺屋太一　いやあ、そういうのを、君みたいな、まだ二十代じゃないのか？　うん？　三十？

森國　あと少しで三十です。

堺屋太一　三十になる？　ふーん。読んでるって大したもんだ。「平成生まれ」か、じゃあ。

森國　平成二年（一九九〇年）です。

堺屋太一　ほおー。（平成二年生まれ）が読んでるなんて、すごいね。大川隆法さんなんか、あの本、確か買ってはくれたと思うが、途中《とちゅう》で「面白くねえ」って言って投げ出したように、私には、〝この脳細胞《さいぼう》〟から来る情報では伝わってくるんだけど。

森國　（笑）

堺屋太一　「面白くねえ。インスピレーションがねえ」っていう感じで、何か読んでるような感じがするけどねえ。そうか、ありがとう。それで、何？　平成三十年で何も変わらなかった？

森國　はい。幸福実現党は、そういう日本の国益、世界の課題も含《ふく》め、大きな視点でつくられた政党です。

堺屋太一　そりゃあ、そうだ。そういうところはあるだろう。そういう大義名分《たいぎめいぶん》がなかったら、やっぱり、政党は立たないからね。

でも、君たちに、議席を取らせてやらなかったのは、ちょっと悪かったな。すまんかったな。それは邪魔《じゃま》したかもしらんね。君たちが取るべきところを、大阪維新が取っちゃったからなあ。

4 安倍《あべ》長期政権の功罪

〝岸《きし》の仕事〟を終え、〝佐藤《さとう》の仕事〟をしている安倍政権

綾織　まあ、安倍《あべ》政権も評価できるところはあるとは思うんです。ただ、大きく見ると、先ほど出ましたけれども、やはり、「現状維持《いじ》」というのが強くて、内政も外交も、結局、最後は、「何も考えない。何も判断しない。動かない」というところに行ってしまうんですね。

堺屋太一　いやあ、それは意外にね、あの（安倍首相の）〝叔父《おじ》さん〟（大叔父）、岸《きし》（信介《のぶすけ》・元総理）じゃないほうの、佐藤栄作《さとうえいさく》が、「待ちの政治」っていうのをやったからねえ。「じーっと、後手後手《ごてごて》でやったら長く政権がやれる」っていうのを、

佐藤栄作は体験しているからさ。七年八カ月ぐらいやったんじゃないか。だから、官僚《かんりょう》型政治じゃないけど、「じーっと、待ちの姿勢でやってるようなふりをしながら、時間を引っ張っていく」っていうの？　すると、最長政権ができたからさ、当時の。

綾織　なるほど。

堺屋太一　だから、それに学んで引っ張っているんじゃないかな。

綾織　なるほど。もう、その〝佐藤政権〟状態なんですね。

堺屋太一　そうそうそう。〝岸〟は終わったんだよ。彼は、〝岸の仕事〟はもう終わったのよ。

綾織　はい。なるほど。

堺屋太一　あの「安保《あんぽ》改定型」の……、「日米の共同防衛型の国」にシフトする〝岸の部分〟は終わったので。

次は〝佐藤のほう〟の、「長引かせて引っ張る」っていうの？　要するに、明治以降の最長内閣を、今、目指しているからね。もう、それだけだから今、目標は。

「敵をつくる」トランプ大統領、「砂糖をまぶして逃《に》げ切る」安倍首相

堺屋太一　だから、捕《つか》まらずに逃《に》げ切る。統計操作ぐらい、そんなもの、もう、乗り切るのは訳《わけ》がない。安倍ファーストレディだって、「公人《こうじん》じゃなくて私人《しじん》だ」ということになるそうですから。それで言い切れるぐらいの強さがあるから。トランプも舌を巻くような〝うまさ〟があるよね。

綾織　なるほど。

堺屋太一　トランプは、「敵をつくる」。ね？　だけど、安倍さんは敵をつくらずに、ちゃんと「砂糖をまぶして逃げ切る」からね。

それは、やっぱり、日本の〝狸《たぬき》・狐術《きつね》〟を、トランプさんも、もうちょっと勉強すべきだよな。はっきり言いすぎるよね。

安倍さんなんか、あんなにはっきり言わないもんね。コロッと引っ繰《く》り返していくからね。〝たこ焼き〟みたいにコロッと。

安倍首相の長期政権は、完全に「悪だ」とは言えない理由

綾織　永田町《ながたちょう》のなかで言われているのが、「安倍さんのあとも、また安倍さんだ」ということで……。

堺屋太一　ああ、また。

綾織　東京オリンピック（二〇二〇年夏季オリンピック）のあと……。

堺屋太一　また、「もう一期、する」って？（笑）

綾織　（笑）「もう一期」という。

堺屋太一　まあね。いやあ、それは、笑い話だけでやっちゃあいけないんであって、あれだけやれた……。今は六年何カ月ぐらいやってるんだかかな？　知らんが。

綾織　はい。二〇一二年の末からですね。

堺屋太一　うーん。いや、その前は、（日本の首相は）一年ごとに替《か》わったからね。だから、もう、外国の大統領や首相も、「日本のトップの名前が覚えられん。一年ごとに替わるから」って言ってたけど、やっと、安倍さんの名前は、みんな知って。サミット（主要国首脳会議）をやっても、かなり古い……。もう古株になってきたからね。

だから、そういう意味での信頼感《しんらい》を得た。先が長く続くように思われると、外交をやっても、外国のトップが「安倍さんの時代が、まだ続くんだ」と思うと、外交はやりやすくなるからね。それは、「明日《あした》にも崩《くず》れる」と思ったら、交渉《こうしょう》にならないからさ。長くやると、やっぱり、持ち上げる。まあ、それは、ゴマすりだけど、そういう人は必要なんだよ。そう言うと、外交するときに有利になるから。

例えば、プーチンだとかさ、習近平《しゅうきんぺい》とか、すぐに辞《や》めそうにはない。だから、「こちらはもう、任期で辞める」とか言うと、交渉にならなくなるからさ。「まだまだ、こっちも続けられるんだぞ」っていうのを見せないと、やっぱり、やれないところがあるから。それは、完全に「悪だ」とばかりは言えないな。

5　中国問題、各国の賭《か》けとリスク

チンギス・ハンのような習近平《しゅうきんぺい》主席の「機動力」

綾織　今、「習近平《しゅうきんぺい》国家主席」の名前が出ましたけれども、堺屋先生は、「チンギス・ハン」についての書籍《しょせき》も出されており、いちおう、一通り研究されているわけですが、「習近平はチンギス・ハンの生まれ変わり」と言われています。

堺屋太一　まあ、君たちの考えだから、私は、そのへんは、よく分からないんだけどね。まだ、よく分かんない。生きてるときも分からんし、死んでからも勉強するわけもなく、分からないんだけどね。

でも、チンギス・ハンは、何か「新発明」をしなきゃいけないし、「機動力」が武器だったからね。やっぱり、「疾風怒濤《しっぷうどとう》の動き」がね。
まあ、習近平がそういう人なのかどうか、ちょっと私には分からんが、確かに、新機軸《しんきじく》を打ち出そうとはしているようには見える。ただ、草原の民《たみ》のような機動力があるかどうかについては、ちょっと分かりかねる部分はあるね。このへんは、私なんかでは、「霊査《れいさ》」っていうか、霊的な透視《とうし》はできないので、本人だかどうかは、ちょっと分からない。

森國　中国も「中国製造２０２５」で国産計画を立てたりしており、日本やアメリカから産業を奪《うば》っていくほうでは、かなり機動的にやっています。

堺屋太一　うん。ああ、そうか。

森國　また、南シナ海でも、一夜城《いちやじょう》のごとく、海上に航空基地をつくって、ミサイ

●中国製造 2025　2015 年に中国政府が発表した 10 年間の製造業発展計画。「2025 年までに世界の製造強国入りすること」を第一段階とし、さらに、「2049 年までに世界の製造大国としての地位を築くこと」を目標としている。

ルを配備したりしていますね。

堺屋太一　そのへんは、たいていは「速い」なあ。確かにな。

中国は「国家破産」か「世界国家成立」かの賭《か》けをやっている

森國　堺屋先生は、今の中国をご覧になって、どのような評価をされているのでしょうか。

堺屋太一　いやあ、もう、こんなの、私より大川隆法先生に言っていただくべきだろうとは思うがね。

よう分からんが、まあ、成功するか失敗するかは博打《ばくち》だと思うね。今の客観的情勢はね。

だから、「巨大《きょだい》になって、経済的に世界二位まで行った」っていうのは一つの快挙だろう。でも、軍事費が年二十兆円ぐらいにまで迫《せま》ってるんだろう？　もう、日本の四倍の軍事費を使っている。
だけど、日本の国の債務《さいむ》は一千百兆円あるけど。君、二十九歳《さい》か何か知らんが、質問だ。「中国の債務」は幾《いく》らや？
森國　ちょっと、パッと出てこないですね。
堺屋太一　ああ、やっぱり駄目《だめ》だ。
森國　（苦笑）
堺屋太一　ほれ、君は、まだ、勉強が足りていないなあ。あのね、四千五百兆円を超《こ》えているんだ。だから、日本の四倍以上、債務があるんだ。

それで、（中国は）「今、だいたい、日本のＧＤＰの二倍ある」と言っているんだろ？「日本のＧＤＰの二倍で、日本の債務の四倍ある」っていうのは、どういうことを意味するかなあ。

今やっている国家主導の計画経済がもし失敗したら、それは、おそらく、一九九〇年代の日本に起きたのと同じことが起きるか、もっと激しいことが来る可能性はあるわな。国家破産まで行く可能性はある。

だから、今、「●一帯一路《いったいいちろ》」とか、「ＡＩＩＢ（アジアインフラ投資銀行）」とか、ああいうのをいっぱいやっているけど、あれは、結局、

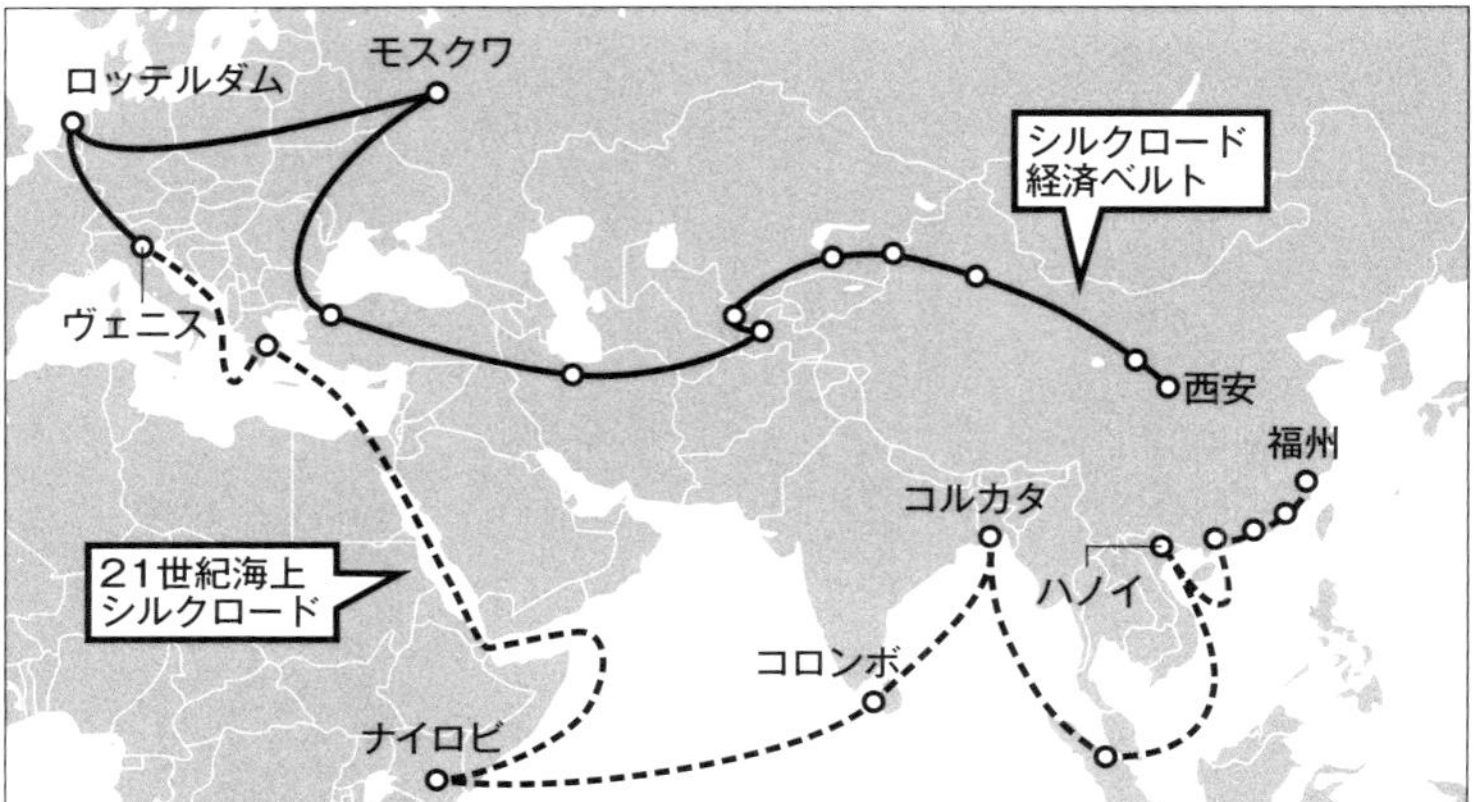

●**一帯一路**　中国の習近平国家主席が推進する「陸のシルクロード（一帯）」と「21世紀海上シルクロード（一路）」の２つの経済・外交圏《けん》構想。アジアインフラ投資銀行（AIIB）などを通して、関係国に道路や鉄道、港湾《こうわん》、通信網《もう》などのインフラ整備を行い、新たな経済圏の確立を目指している。

自己資産がなくて、世界銀行とかさ、いろんなところからお金をかき集めてきて、それを、要するに、自分が目指している石油のルートのところの貧困国に貸し付けているわけだ。

あるいは、今、ギリシャ、イタリアにまで手を出しているけど、イタリアみたいに、もう〝あっぷあっぷ〟言って、沈没《ちんぼつ》寸前の国に貸し付けている。

そして、高利貸しになろうとしているわけよ。高利貸しで、「返せんかったら、もう、国は植民地化する」という戦略だよな。

それは、モンゴル（帝国《ていこく》）の時代なら攻《せ》め取っていいかもしらんけど、今の時代に〝国盗《くにと》り〟ができるかどうかは微妙《びみょう》やなあ。例えば、「イタリアを買い取った」っていうのをEUが許すかどうかは分からないな。

だから、このへんのリスクはあるよ。彼（習近平）の考えと違《ちが》うリスクは、あることはあるから。「国家破産」対「世界国家の成立」、この賭《か》けを、今やっているところだ。

トランプ大統領が仕掛《しか》ける「米中貿易戦争」の真の狙《ねら》い

綾織　そこに、まさに、トランプ大統領が、それを崩壊《ほうかい》させる戦略を昨年から打ち始めて……。

堺屋太一　アメリカも貿易赤字を出しながら、やっとるんだよな。

綾織　それが、一年弱続いているわけですけれども、だいたい、もう半分ぐらいはその影響《えいきょう》が出てきており、中国のＧＤＰの成長率も、実質、「プラスになるかマイナスになるか」というようなギリギリのところと言われています。

堺屋太一　うん、うん。だいたい、今年の全人代（全国人民代表大会。二〇一九年三月五日〜十五日開催《かいさい》）の〝あれ〟は、成長率を六パーセントから六・五パーセントぐらいに設定したんだろう?

綾織　はい。

堺屋太一　君らは、この意味が分からないだろうけど、やっぱり、「今の中国で、経済成長率が七パーセントを切る」ということは……、「共産党の一党独裁が崩壊する」と言われているラインが七パーセントなんだよ。だから、七パーセントをキープしなきゃいけない。

それを、「自分たちで六パーセントから六・五パーセントに決めた」っていうことは、国策でつくっている立派な企業《きぎょう》等が、いっぱい潰《つぶ》れ始めるんだ。バタバタ潰れ始めるので。このへんの失業者たちが、共産党不信を強めてくるから。

その意味では、〝習近平終身制〟と言いつつも、場合によっては、アメリカとの（関係において）復調ができなければ、けっこう追い込《こ》まれる。トランプさんは、それを計算はしているとは思うが。

だから、中国はアメリカに対して、貿易黒字を（一年で）三十兆円から五十兆円ぐらいの幅《はば》で上げていると思うけど、この黒字を吹《ふ》っ飛ばしたら、中国の「二十兆円」とかいう軍事費は、あっという間に〝圧縮〟せざるをえなくなるだろ？「狙《ねら》い」は、そこにあるだろう。

日本は（防衛費は）五兆円余りだろう？　だから、やっぱり、これ（中国の軍事費）を〝圧縮〟させるつもり、貿易黒字を削《けず》るつもりでいるとは思うよ。これは「戦い」だな。

〝トランプ嫌《ぎら》い〟のマスコミが殺し屋を雇《やと》う可能性もある

堺屋太一　まあ、アメリカ国民が賢《かしこ》いといいが、マスコミに、〝トランプ嫌《ぎら》い〟が多くってね。どうだろうかね。スキャンダルばっかり追いかけるし、大統領の犯罪を一生懸命《いっしょうけんめい》、狙っているから。

あれだけ敵に回しているのに、（トランプを）潰せないとマスコミの沽券《こけん》にかかわるからね。当選のときも恥《はじ》をかいているからなあ。「二期目までやられると、さらに悪さをする」と、マスコミのほうからは見ているやろうから。「CNNの信頼《しんらい》を損《そこ》ねた大統領なんて、絶対、歴史に遺《のこ》さん」っていう気持ちやろうね。

だから、マスコミのほうが、とうとう、殺し屋を雇《やと》う時代が来ているかもしれないね。

綾織　おっ、そこまで。

堺屋太一　もう、「死んでいただきたい」と思っているだろうな。「（選挙で）落とせなかったら死んでいただきたい。暗殺したい」というぐらいの、血の気《け》の多いのもいると思うよ、多少な。

綾織　ほお。

堺屋太一　ユダヤ資本でない、中国資本のマスコミなんかは、マフィアを雇うぐらいはするかもしれないな。

綾織　うーん。なるほど。

堺屋太一　あの体は当たりやすいだろう、的《まと》が大きいから。

綾織　トランプさんも、何か、「運」がありますので、しぶとい可能性はありますけれども。

日本が中国問題で抱《かか》えている「二つのリスク」とは

斎藤　一方で、幸福の科学の支援霊団《しえんれいだん》や、支援霊団を応援してくださっている「知性あるエネルギー体」●から言いますと、「今、トランプ大統領は非常に危機に陥《おちい》っているように報道されているが、現実は、そうはならずに、『やはり、リーダーシップのある大統領だ』ということが、おそらく、もうすぐ明らかになると思う」ということです。

これは、おそらく、今年、また来年（二〇二〇年）に向けまして、「トランプ大統領が非常に賢明《けんめい》な大統領であり、世界を動かす決断をできる大統領であるということが、世界的に知られるようになり、認められるようになる」ということかと思いますが、このあたりの動きについてはいかがでしょう。

堺屋太一　ハノイ会談（米朝首脳会談）……、いや、私の葬式《そうしき》を吹っ飛ばすハノイ

●知性あるエネルギー体……　2019年3月7日収録「UFOリーディング―宇宙からの中国包囲網《ほういもう》編―（ベルギウス星②）」参照。

会談で、君たちの意識はそっちに行って、私の霊言《れいげん》なんか、意識もなかっただろうけど。

斎藤　すみません。

堺屋太一　私の霊言を意識させなかった、そのハノイ会談を、君はどう見ているんだ。ええ？

斎藤　今、確かに、トランプ大統領は、ＣＮＮを含《ふく》め、マスコミから、もう暗殺したくなるような感じで言われています。

しかし、幸福の科学の大川隆法総裁は、例えば、二〇一六年の大統領選挙のとき、全米マスコミの九割以上がヒラリー・クリントンを支援して、トランプ氏を批判し、反対している状況《じょうきょう》であっても、「必ず、この人が、世界を正しいほうへ導く判断を下す大統領となる」というような●方向性を示されました。
ですから、幸福の科学としては、幸福実現党も含めまして、「トランプ大統領支持」というかたちのスタンスを取っています。

堺屋太一　うん。じゃあ、どうしたらいいんだよ。

斎藤　そこを教えていただきたいのですけれども。

堺屋太一　何？　あっ、俺《おれ》を頼《たよ》るのか。まだ、あの世の〝高級天使〟じゃねえから。死にたての新米でリハビリを……。

斎藤　はい、リハビリ中の視点、中間帯で。

●方向性を……　2016年1月、『守護霊インタビュー ドナルド・トランプ アメリカ復活への戦略』（幸福の科学出版刊）を発刊し、同年10月にはニューヨーク巡錫でトランプ氏支持を明言するなど、大統領当選を示唆《しさ》した。『大川隆法 ニューヨーク巡錫の軌跡 自由、正義、そして幸福』（監修・大川隆法／幸福の科学出版刊）参照。

堺屋太一　病院から出て、〝リハビリしている霊体《れいたい》〟だから、視線はかなり「この世的」だよ。そうとう、この世的な目だけど、許してくれる?

綾織　それは、もう……。

堺屋太一　構わない?

綾織　はい。よろしくお願いします。

堺屋太一　「ザ・リバティ」と変わらんか。変わらないならいいや。

綾織　（苦笑）

堺屋太一　（笑）まあ、この世的な見方だけど、そうだねえ、だから、ここが実にねえ……。

だから、公明党が（政権に）〝食いついて〟いるんでさあ、「中国擁護《ようご》」のほうに入りたがる気があるのとね。

維新《いしん》なんかは、そんな公明党に代わって、「改憲」のほうに入っていきたかったのもあるので、このへん、ちょっと難しいんだけどね。橋下《はしもと》君とかだったら、どちらでも判断すると思うけど。

「公明党がぶら下がっている」のと、「日本の企業が、そうとう中国に工場等を置いている」のと。これ、リスクがすっごく多いんだな。

だから、日立《ひたち》なんかがさ、中国本土に百五十も事業所があるから、（茨城県《いばらき》が）「パンダを一頭よこせ」とか言ってね、「日立のある茨城にパンダを呼んで、人寄せしよう」とか、この〝ズレ方〟はかなりズレてるからさあ。パンダをもらったら、もう、百五十の事業所は引き揚《あ》げられないから。そんな〝戦争状態〟になったら、全部、接収されてしまう〝担保《たんぽ》〟だよな。

6 北朝鮮《きたちょうせん》問題の片付け方

アメリカが中国のほうに圧力をかける理由

堺屋太一　だから、北朝鮮《きたちょうせん》についても、結局、トランプさんは、今、勝負に出ていると思うんだよ。中国に圧力をかけているのは、要するに、中国が本気になりゃあ北朝鮮を潰《つぶ》せるんだよ。それは、もう、（北朝鮮の）貿易の取引は、ほとんど中国だ。もう、九割がた中国ですから。

それで、韓国《かんこく》の文《ムン》大統領っていうのは、本当にいかがわしい人物だと思う。君たちが言っているとおり、いかがわしい男だと思う。（過去世《かこぜ》が）ムッソリーニかどうかは知らんけど、いかがわしいのは間違《まちが》いない。いかがわしい、信用したらいけない人物だ。

●（過去世が）ムッソリーニ……『文在寅《ムンジェイン》 韓国新大統領守護霊インタビュー』（幸福の科学出版刊）参照。

何か、自分の利益ばっかり考えているのが、よく見えるよ。何か考えている、悪いことをな。考えているのはあるけど、（北朝鮮の）中国のほうとの可能性を潰せば、韓国はどうにでも料理できるので、（トランプさんは）それは分かっているんだよ。

だから、中国が北朝鮮を〝延命〟させて、アメリカや日本まで牽制《けんせい》できる材料で使い続けたら、その間、中国は〝時間稼《かせ》ぎ〟ができるから。南シナ海だろうが、どこだろうが、基地をつくったり、「一帯一路《いったいいちろ》」に参加する国をつくったりする、その実績づくりができるよね。そういう意味で、中国は、北朝鮮で時間稼ぎをしたい。まあ、本音はそうだよ。

だから、それをさせないようにするのがトランプさんで、要するに、「俺《おれ》の選挙が近づいてるんだよ。そんなに待てるか」っていうことだろう？　だから、圧力をかけてくる。これが、この「関税戦争」だし、次は、「（中国が）人権弾圧《だんあつ》をしている」ということも制裁対象にしようとしている。

それと、何だか、実は、人民解放軍が皮を被《かぶ》った「華為技術《ファーウェイ》」だっけ？

綾織　華為技術ですね。

堺屋太一　うん。あれは、実際は、人民解放軍がつくっている会社で、外側だけ株式会社の皮を被ってやっているから、「これを使ったら相成《あいな》らん」っていうか、スパイだよな。もう、スパイが商売しているようなものなので、（アメリカは）「これを潰す」っていうのをやっているから。これ、喧嘩《けんか》状態が起きているから。中国経済も先行きは、それはけっこう厳しい。

ただ、同時に、それは、〝跳《は》ね返り〟的には、日本経済や韓国経済にも跳ね返ってくるからさ。このへん、「（アメリカの）同盟国あたりが、どの程度、動揺《どうよう》するか。揺《ゆ》さぶりがあるか」も計算して。まあ、こっちも、本当に、加減はとっても難しいと思う。

だけど、トランプさんとしては、本当は、中国がギュッと根っこを止めてしまえば、要するに、ガソリンと食糧《しょくりょう》を止めてしまえば、もう、北朝鮮が〝干上《ひあ》がる〟のは分かっているから。

まあ、中国とか韓国もやっていると思うけど、「瀬取《せど》り」のね、分からないうちに積み替《か》えて、「隠《かく》れ資金」が入っているの、これを、ちょっと、やめさせなきゃいけない。実際に、貿易額は減っているけどね。

北朝鮮《きたちょうせん》はサイバー攻撃《こうげき》で「電子マネー」を盗《ぬす》み始めている

堺屋太一　あとは、もう一つは、北朝鮮《きたちょうせん》がサイバー攻撃《こうげき》をやっていて……。

綾織　ああ、サイバー攻撃で「仮想通貨」とか？

堺屋太一　うん。仮想通貨を盗《ぬす》んでいる。

綾織　はい。やっていますね。

堺屋太一　とうとう始めたから。やっぱり、「やる」とは思っていたけど。だから、電子マネーだったら、そこのところを発達させりゃ盗めるから。

綾織　なるほど。

堺屋太一　彼らも、世界各地にスパイを持っているから。「そちらで、電子マネーを盗む」っていう手。「それで、自分のところは直接やらずに、ほかの第三国で、会社みたいな、秘密結社か何かみたいなのを使って、この通貨を盗んで、武器の調達とか食糧の調達とかをして、別のルートから運んでくる」みたいなことも考えているんだろうから。これも、証拠《しょうこ》は出てきつつあるので。

まあ、客観的には、トランプさんは、「自分で潰す」か「中国に潰させる」か、今、これを瀬踏《せぶ》みしているけれども、いずれにしても、彼らを後退させる気持ちは強いだろうな。

なので、「中国系のスパイも入ったアメリカの左翼陣営《さよくじんえい》が、トランプを失脚《しっきゃく》させる」のとの戦いだよな。その前に、より先に実績を何か出すか。なかなか、そのへん、残された時間は多くはないね。

綾織　なるほど。

堺屋太一　だから、年内には、その決断は出るだろうね。

斎藤　年内ですか？

堺屋太一　うん。だって、そうしないと、（来年の大統領）選挙に間に合わないじゃない。

斎藤　ああ。なるほど。

オリンピック景気を狙《ねら》う安倍《あべ》首相と、トランプ大統領の思惑《おもわく》

堺屋太一　それで、日本は、来年、「オリンピック景気」を起こしたくて、安倍《あべ》さんがほくほくして、やっているんだろう？

そこで、中国や韓国や北朝鮮とかが、みんな、もう、てんやわんやの大騒《おおさわ》ぎになったらさ、それは嫌《いや》だろうね。安倍さんのほうは、できるだけ静粛《せいしゅく》にして、新しい天皇の下《もと》に、何か、日本が復興するような夢を抱《いだ》かせたいところだろうから。

だから、もう、原則、安倍さんの方針は、「八方美人《はっぽうびじん》」型。「中国にもイエス。台湾《たいわん》にもイエス。北朝鮮にもイエス。韓国にもイエス。ＥＵにもイエス。イギリスに

もイエス。アメリカにもイエス」。全部そうだろうと思うから、もう、節操《せっそう》がないと思うよ、完璧《かんぺき》に。「来年、オリンピックを絡《から》めて景気を上げる」っていう、この一点に今、頭が行っているから。

綾織　うーん。

堺屋太一　だけど、トランプさんは、そこまでは斟酌《しんしゃく》してくれないかもね。「晋三《しんぞう》よ」と言って、「日本も、アメリカに対して、十何兆円か黒字を出しとるなあ。減らさせてもらおうかなあ。オリンピック景気分が、ちょうど吹《ふ》っ飛ぶぐらい減らさせてもらおうかなあ」と思っているから。

そうすると、消費税上げのところで、また、〝紛争《ふんそう》〟が起きるだろうね。まあ、そんなところだ。

7 一帯一路《いったいいちろ》潰《つぶ》しの「金融《きんゆう》戦争」を

「黒田《くろだ》日銀総裁の守護霊霊言《しゅごれいれいげん》の本を、早く地上の本人に」

綾織　「トランプ大統領は、来年、選挙なので、今年、北朝鮮《きたちょうせん》問題についても中国問題についても、何らかの成果、一つの成果が求められる」ということでした。

なお、中国問題につきましては、先般《せんぱん》、●日銀の黒田東彦《くろだはるひこ》総裁の守護霊霊言《しゅごれいれいげん》を収録させていただいたところ、中国経済を崩壊《ほうかい》させるに当たっては、「『一帯一路《いったいいちろ》』構想全体に対抗《たいこう》していくために、日本として金融《きんゆう》戦争を仕掛《しか》けるべきだ」という話をされていました。

先ほども、少し、世界銀行等、そのあたりの話があ

●日銀の黒田東彦総裁の……　『日銀総裁 黒田東彦 守護霊インタビュー』(幸福の科学出版刊)参照。

りましたけれども、やはり、「中国が今まで、そうした世界銀行やアジア開発銀行などを使いながら、お金を自分の都合《つごう》のいいように、世界を支配できるようなかたちで使ってきた」というのが、この十年、二十年ぐらいだと思うんですね。

そのため、これを〝逆転〟させる方向性でトランプさんは動いているのですが、日本のほうは、まだ、黒田日銀総裁の守護霊様がおっしゃっているわりには、動きとしては、あまりよくないように思うのですけれども。

堺屋太一　いやあ、君らが、早く本を出さないのがいけないんだよ（収録当時）。

綾織　あっ（苦笑）。

堺屋太一　本を出せば、本人だって、「あっ、私は、こういうふうに考えているんだ」と思って、それで動き始めるんだけど。

綾織　（笑）なるほど。

堺屋太一　本人の頭では、それは思いつかないから、早く、これ、本を出してやらなきゃ分からないだろうが。

綾織　では、そこは……。

堺屋太一　でも、「ザ・リバティ」のために出ないんじゃないの？　「ザ・リバティ」がスクープ記事にするために出ないんだろう？

綾織　あっ、いや、いや（苦笑）。

堺屋太一　抑《おさ》えているんじゃないの？

綾織　いやいやいや。そういうことではありませんので。

堺屋太一　「まだまだ、まだまだ、出版しちゃいけません。スクープにならないので」っていうことじゃないの？　分かっているんだよ。

綾織　いや、いや。その霊言（経典《きょうてん》）と一緒《いっしょ》に、「ザ・リバティ」も広げていきたいなと思っているんですけれども。なるほど。では、そこは少し、「ご本人」と「守護霊様」との断絶があるわけですね（笑）。

堺屋太一　本を出せばいいじゃない、本人が読むからさ。「あっ、そういうことなんだ。俺《おれ》が考えていることは」って、やっと分かるわけだからさ。

綾織　なるほど。はい。

堺屋氏が考える「白川《しらかわ》前日銀総裁が辞任に追い込《こ》まれた理由」

堺屋太一　その前の日銀総裁（白川方明《しらかわまさあき》氏）のときだって、ここ（幸福の科学）から出した日銀の本は、けっこうこたえたからね。

安倍《あべ》さんは、あれで、やるべきことが分かったからさ。だから、さっそく改革に入ったので。「何だ、こいつ（白川方明・前日銀総裁）、サプライサイド（供給側）の経済学を勉強してきて、結局、何も分かっとらんということなんだな。替《か》えなきゃいけないんだな」ということは、あれで分かったから。

大川紫央《しお》さん（幸福の科学総裁補佐《ほさ》）の権限によってね？　奥《おく》さんが「クビにしろ」と言っているように見えたから、「そのために反乱を起こしたのかなあ」と思

●その前の……　『日銀総裁とのスピリチュアル対話』（幸福実現党刊）参照。

って。

綾織　なるほど。

堺屋太一　それで、そのまま素直《すなお》に遂行《すいこう》したんだよ。

綾織　なるほど。ちょっと、できるだけ早く発刊させていただくとして（苦笑）。

堺屋太一　いや、君みたいなところ（「ザ・リバティ」編集部）の利益もあるからね。

綾織　あっ、いえ、いえ。

堺屋太一　今、部数が、〝強い重力のブラックホール〟のほうにグーッと引きずり込《こ》まれているんだろう?

綾織　いや、いや。ちゃんと、それに反発しながら、やっていますけれども。

堺屋太一　それで、政党（幸福実現党）も言えないもんね。「ザ・リバティ」の〝スクープ〟を潰《つぶ》しちゃいけないから、出るまでは言わないもんね。

綾織　いえ、いえ。

森國　（苦笑）

堺屋太一　かわいそうに。

借金まみれの〝自転車操業〟をしている中国

綾織　やはり、堺屋先生は、そのあたりのお金の動きについては、非常に……。

堺屋太一　僕《ぼく》、分かんないよ。全然、分かんないよ。自分が儲《もう》けたことがないから、そんなに。

綾織　いえ、いえ。

堺屋太一　個人の講演料や印税以外は知らないからさ。そんな、国のお金なんて、全然、分かんない。

ただ、評論家でね、「景気動向（を見る）」とか、「経済企画庁《きかくちょう》（長官）」とかはやったから、そういう〝他人事《ひとごと》経営学〟は、多少、分かる。

綾織　堺屋先生は、内閣のアドバイザー、内閣官房参与《かんぼうさんよ》もされていましたので、日本の「アジア戦略」のあたりについて、少しお伺《うかが》いしたいなと思います。

堺屋太一　いやあ、もう、それが分かるには年を取りすぎたわ。ちょっと分からんけどねえ。分からんけど、たぶん、黒田さんは、アジア開発銀行の総裁出身だから、中国がやろうとしていることは、アジア開発銀行のやる仕事を〝横取り〟するような……。

綾織　そうですね。

堺屋太一　ねえ？　〝横っ面《つら》をはたかれた〟ような感じは受けていると思うから。やっぱり、「リベンジせよ」という命《めい》、天命が下れば、それは、ちょっとはやりたい気はあると思う。

綾織　はい。

堺屋太一　それで、その肝心《かんじん》の中国はさあ、日本人の意識は、みんな、（中国は）「ものすごくボロ儲けして、金が貯《た》まってしょうがない」というように思ってるけど、実際上、債務《さいむ》はそうとう膨《ふく》らんでいて、こっち（中国）も借金まみれの〝自転車操業〟をしていて、日本のことなんか言ってられない状況《じょうきょう》でね。
「世銀（世界銀行）だ、アジア開発銀行だと、いろんなところから金を吸い取って、それをせこく貸し付けては、港湾《こうわん》を自分のものにする」とかさ、そういうことをやっているんで。あっちも借金で戦っている状態だから。
「それだったら、日銀も、ちょっとはやろうか」っていう考えもあってもいいよなあ。

資本主義をよく分かっていない習近平《しゅうきんぺい》主席

綾織　このあたりについて、アメリカのほうは、戦略としてはかなり明確であり、「一帯一路」に対抗して、「アジアやアフリカも含《ふく》めて合計七兆円近くの投資をする」という考え方を出しています。

それに対して、日本は、どちらかというと、むしろ中国の経済を支えるほうに協力するという感じであり、方向が〝逆〟になってしまっています。

堺屋太一　安倍さんね。そうそうそうそうそうそう。

いや、でも、中国も〝癖《くせ》が悪い〟からさ。日本が円借款《えんしゃっかん》やってね。戦後の償《つぐな》いのつもりで円借款でやって、「インフラをつくるように」って出した金を、また〝又《また》貸《が》し〟してさ。それでほかのところに貸して、恩義を売ってたようなところだから、ほんっとに癖が悪いんだよ。

まあ、「資本主義」のほうはあんまり分かってはないんだと思うけどね、基本的に。たぶん、習近平《しゅうきんぺい》の頭んなかは、金融の〝あれ〟が分かってない。たぶん分かってないから。

綾織　なるほど。

堺屋太一　うーん。何かね、自分の国が世界の真ん中にある〝大中華帝国《だいちゅうかていこく》〟願望だから、「国内法で全部やれる」ぐらいに思ってる。国内で法律をつくれば全部やれるような気があるからさ。

それを潰そうと思えば、やれなくはないけど、ただ、「中国発の世界恐慌《きょうこう》に、幸福実現党は責任が取れるのかどうか」の覚悟《かくご》は要《い》るわな。

森國　新しい時代を切り拓《ひら》く上で必要なことには、耐《た》えないといけないときもあると思います。

堺屋太一　君の給料だって減るかもしれないんだよ?

森國　それもしかたないかと（笑）。

堺屋太一　（笑）しかたない。潔《いさぎよ》いねえ。そうか。

8　対中包囲外交、三つの奇策《きさく》

韓国《かんこく》は相手にせず、目標の「中国」をどういじるかが大事

森國　ただ、先ほどもお話にあった、「八方美人《はっぽうびじん》的に」というのは、安倍《あべ》首相だけではなくて、日本全体の政財界の傾向《けいこう》ではないかと思うのです。

アメリカと中国の間に挟《はさ》まれて、日本がフロントラインといいますか、対中の最前線に位置しているんだというような感覚が、経済的にも軍事的にも理解されていませんね。私たちも、それをなかなか伝えられずに、もがいているところもあるのですが、今年は、その「時代の変化」をどのように伝えていけばよいとお考えですか。

堺屋太一　とにかくねえ、大川隆法さんは台湾《たいわん》に行って、「日台関係の強化、同盟

●台湾に行って……　『愛は憎しみを超えて』(前掲)参照。

化を進めて、それで、日台米をつなぐことが、アジア太平洋地域の平和につながる」という話をしてきたんでしょう?

日本のマスコミは、今、韓国《かんこく》問題一色で、「韓国許すまじ」で、もう、「断交も辞せず」みたいな感じの強硬論《きょうこうろん》がいっぱい出てるけどね、実は、韓国を攻《せ》めたって駄《だ》目《め》なんですよ。

中国の先行き、見通しにおいて、ずっとこれまでどおりの発展があると思えば、そちらのほうに惹《ひ》かれていくのを、中国が先に〝ポシャッて駄目になる〟と見せたら、韓国なんか自由に操《あやつ》れるようになるんで。韓国に手を出さずに、韓国をいじれるんだよ。

だから、韓国なんかあんまり相手にしちゃいけないんで。「中国」、目標は。「北《きた》朝鮮《ちょうせん》から中国のところを、どういじるか」なんだよ。

要するに、彼らは「無限成長の願望」を持ってるから、この無限成長に、日本が九〇年代に味わったバブル崩壊《ほうかい》を味わわせてやれば、「君たちは後進国なんだ」と。

「私たちが二十数年前に経験したことを、君たちは、今、これから……」、いや、日本の一九九〇年なんだよ、彼らは今。

「ちょっと、一年だけの景気後退だと思ってるやろう？　去年、ちょっとだけ（中国の経済成長率が）七パーを切ったな。今年、持ち堪《こた》えて、また盛り返すと思ってるだろう。それがねえ、君ね、二十年、三十年と、あと続くんだよ。日本はそれを経験してきたんだよ。君たちがガシャッと行くことで、日本はまた高度成長が始まるんだよ」と。

こういう構図をつくればね、韓国なんか、もう好きなように、自分たちの思うように引っ張っていけるから。

もうねえ、（韓国は）「どっちにつくか」だけを考えてるんで。「中国に利がある」と思えばつくし、「ない」と思えば、もう、日米のほうについてくる。

（韓国が）北朝鮮と合併《がっぺい》なんかしちゃったらさ、もう大変なことになりますよ。国民所得がガタ減りになるのは確実ですから。

難民が二千五百万人なだれ込《こ》んでくるのと、ほぼ一緒《いっしょ》だからね。（人口）五千万の国に、二千五百万の難民がなだれ込んできたらどうなるかを考えたら、まあ、一人当たりの経済力は何分の一になるかねえ。食べさせなきゃいけないわけでしょ？

綾織　はい。

堺屋太一　家族が「倍」ぐらいになる……。「倍」というか、五割ぐらい〝食客《しょっきゃく》〟を抱《かか》える感じになるから、それは、生活は苦しくなるわな。だから、日本に泣きついてくるわね。中国が金が余っとれば、中国のお金に泣きつくけど、それでなきゃ日本に泣きついて、日本の余り勘定《かんじょう》を……。日本のほうだわな、（泣きついて）来るから。

日本も「ジャパン・ファースト」をやらなきゃしょうがない

堺屋太一　マスコミは韓国攻めを一生懸命《いっしょうけんめい》にしてると思うけど、あんまり相手にしないほうがいい。余計なことは言わないで。あの文《ムン》政権は、もうすぐ〝尻尾《しっぽ》を出す〟から。悪いことを考えてるから、彼らは。本当に夜郎自大《やろうじだい》を地で行《い》ってるから。核《かく》兵器を手に入れて、ものすごい巨大《きょだい》国になって、巨大な国になって、日本を脅《おど》しまくって、朝貢《ちょうこう》をやりたいぐらいの気分になってるから、この夢も一緒に砕《くだ》かなければいけないだろ？

だから、まあ、貿易としての着地をどうするかはちょっと分からないし、トランプさんの関税のあれだけでいけば、日本もけっこう厳しい目には遭《あ》うけど、ある意味で、こっちも「ジャパン・ファースト」をやらなきゃしょうがないよね。中国や韓国にいっぱい出てる工場等を日本に戻《もど》すなら、戻せるものは戻して。地方に過疎地《かそち》はいっぱいあるじゃない。

綾織　そうですね。

堺屋太一　山のようにあるので。北海道だって沖縄《おきなわ》だって、いくらでもある。だから、戻すのは戻して、雇用《こよう》を生んで、足りなければ、「日本のために働きたい」と、「日本のために防衛しても構わない」という良質な移民を入れて、そして、工場労働者、日本のＧＤＰにして、税金を納めさせるふうにすればいいのよ。うん。

安倍《あべ》首相は選挙を気にして、ロシアに対して優柔不断《ゆうじゅうふだん》になるのでは

森國　中国と向き合っていく上で、外交で、台湾、そしてロシアと結んで、南側と北側から中国を囲い込んでいくことが大事だと思います。安倍《あべ》首相も、一部考えていらっしゃるとは思いますが、そのあたりについて、堺屋先生はどうでしょうか。

堺屋太一　まあ、外れるかもしらんけどね。私のほうは、まだこの世の人間だから外れるかもしらんけど、「北方四島のうちの二島を捨てた」と言われると、やっぱり、選挙には不利なような気がするんで、優柔不断《ゆうじゅうふだん》しそうな気はするなあ。「安倍が二島取られた」と言われると、ちょっと、あれだから。

それどころか、北朝鮮から日本人ね、もう、二人でもいいから。二島の代わりに、二人でも拉致《らち》された日本人を返すことができりゃあ、それだけで選挙に勝てるよね。こっちを考えてるわけね。

綾織　ああ、なるほど。

堺屋太一　裏から金を出してもいいから。金を出してもいいから買い取りたいぐらいだろうね。二人でも帰ってくれれば、選挙に勝てる。

二島を離《はな》したら、たぶん、また、囂々《ごうごう》とマスコミに叩《たた》かれかねないから、分かってはいるけど……。まあ、私の感じではよ？　判断できないいんじゃないだろうかね、たぶん。

綾織　なるほど。

北方領土問題は「二島返還《へんかん》」でも〝御《おん》の字〟

森國　「還《かえ》ってくるはずだった四島が二島になった」という意見もあるとは思いますけれども、日本側から、もう少し大きな、骨太《ほねぶと》の構想が出されても……。

堺屋太一　君らは、そらあ言ってもいいよ。君らはいいよ。失うものはないもん。何にも失うもの……、議席も失わないから、別に、君らは言ったらいい。どんどん言ったらいい。それは、エッジが立っていいんじゃないか？

君らは、「安倍政権は優柔不断である」と、「そんな二島ぐらいすっ飛ばしてもいいから、ロシアと結んで、ロシア本土を占領《せんりょう》するつもりで攻めたらいいんだ」って言やあ……。

森國　うちも、そこまでは言ってはいないですけれども……。

堺屋太一　いやあ、実際は、戦争で領土が変わった場合はね、戦争で勝たなきゃ、普通《ふつう》は取り返すことはできませんよ。

綾織　そうですね。

堺屋太一　だいたい何十年も取られるもので、戦争で勝つか、その国が崩壊でもしないかぎり、普通は還ってこないから。

私は、二島も還りゃあ、それは本当、〝御《おん》の字〟だと思ってますよ。還ってこなくてもしかたがない。けど、還ってくるなら、それでも〝御の字〟だと思わないと。「ゼロベースで、二島還ればプラス」というふうに判断しなければいけないいんで。

次のメドベージェフの時代になったときに、うーん、本当はそんなに親日じゃないので。彼が大統領のときに、北方領土に軍事基地をいっぱいつくられたからさ。そんなに彼を親日とは思わないんで。

まあ、期間的に見れば、「安倍さんとプーチンさんがやっている間にやる」のが……、技《わざ》をかけるなら、試合時間は〝その間《あいだ》〟だとは思うけど。

ただ、外野が多いから、いろいろとワアワアワアワアワア言うだろうから、簡単にはいかないかもしれないね。

まあ、あんたがたは捨て身だから、言うなら言ったら？　あんたがたが「一島も要《い》らん」とか言ったら（会場笑）、二島取ったら、〝安倍さんは頑張《がんば》った〟ということになるから、なあ？「一島も要らん。還してくれんで結構なんだ。とにかく、ロシアと仲間になれたら、それで、もう十分や」って言って、安倍さんが二島を取ったら、勝ったことになるやないか。

森國　（極東が）本当は、もっと平和で繁栄《はんえい》した地域になりうると思っています。

堺屋太一　いや、君らな、今のところ、国の役に立ってるけど、〝捨て駒《ごま》〟として役に立ってるからさあ。その使命を十分に全《まっと》うすることが大事だよ、うーん。

綾織　そんな感じですと、今後の行き先に、ちょっと影響《えいきょう》が出てくるかもしれません（笑）。

堺屋太一　ああ……。だから、大阪《おおさか》都をつくるよりはロシアと平和条約を結んだほうが、未来はいいかもしれないね。まあ、そういう行き方もあるわね。

9 「経済戦争」勝利のための中国経済分析《ぶんせき》

リーマン・ショックの〝別バージョン〟にも見える「仮想通貨」の限界

斎藤　二月に録《と》られた日銀の黒田《くろだ》総裁の守護霊霊言《しゅごれいれいげん》について、続きなんですけれども、黒田総裁守護霊は、中国のほうのスタンスとしては、軍事と経済をリンクさせたような「軍事経済」であり、そういう経済学で世界を支配する計画を持っているのだとおっしゃっていました。

そして、日本も狙《ねら》われていて、中国の構想としては、「原発ゼロの世界」を日本につくり、そこで、もし、タンカーが台湾海峡《たいわんかいきょう》やバシー海峡を通れなくなってしまったら、日本は資源を輸入できなくなり、工業が全部ストップしてしまって完全に干し上がる。さらには、「沖縄《おきなわ》の米軍基地を還《かえ》そう運動」を推進してガンガンガンガン煽《あお》り、日本の国防を弱体化させるんだ、ということでした。

ですから、「中国との金融《きんゆう》戦争では、われわれももっと頑張《がんば》り、資本主義の世界をグッと強くして対抗《たいこう》すると同時に、日本を復活させるために、財閥《ざいばつ》の再興ぐらいしないといけないのだ」という感じでしょうか。

堺屋太一　ほおー。

斎藤　一方で、「中国にはろくな銀行はない」という感じで言っておられましたが、そこには莫大《ばくだい》な隠《かく》れ債務《さいむ》があるから……。

資源やエネルギーの多くを外国からの輸入に頼っている日本にとって、シーレーンの安全確保は重要な課題となっている。

堺屋太一　世界の（銀行の）トップは、中国の銀行なんだけどね。

斎藤　はい。でも、「日本は、将来、中国の軍事経済学でやられてしまう恐《おそ》れがある」ので。

それに対して、「また、日本の再興をしていかないといけないのだ」という点についてはどうでしょうか。今後、日本の金融を復活の方向に持っていくにはどうしたらよいのでしょうか。

堺屋太一　うーん。まあ、ああいう「仮想通貨」みたいなもんでさあ、何か儲《もう》けてるようなふりして、そういう経済が……。

ちょっと、これ、「リーマン・ショック」の〝別バージョン〟のような感じには見えるわな。ありもしない富が増えてるような気になってやってるけど、どっかで、これ、よくある「ねずみ講」の最後の失敗が来るように……。

だから、儲かるように見えてて、やっていったら、どっかで限界が来るんだよ。理論上、何か儲かるように見えて、その理論には限界があるようなことがあるからさ。「仮想通貨でやって、投機して、それで五十パーセントも儲けた」とか、いろいろあったら、みんな飛びついてくるけど、最後、それをまた横取りして、サイバー攻撃《こうげき》で横取りすることまで狙ってるやつがいる可能性もあるから。

日本なんかの実体経済に基《もと》づくお金を、仮想通貨にだんだん移行させていって取ってやろうと狙ってるサイバー部隊も、中国や北朝鮮《きたちょうせん》にはいるかもしれないし、もしやロシアにもいるかもしれないから。それについては、日本は少し後《おく》れを取ってるかもしれないから、いちおう気をつけたほうがいいかもしれない。

キャッシュレス経済は年寄りの金を取り上げて運用するため？

堺屋太一　安倍《あべ》さんも「キャッシュレス経済」をだいぶ言ってるけど、少し、何だかねえ、本当、本質的には「カジノの経済学」みたいなのがお好きなように見えるは見えるね。だから、バブリーなところがちょっとあるね。何だかね、見ててね。

綾織　はい。

堺屋太一　それから、金融庁のほうも、年寄りが預金して、預金を寝《ね》かせたままで動かさないから、これを取り上げようと思って、「もうちょっと投機して、利殖《りしょく》して、老後の資金を稼《かせ》ぐようにしよう」とか言って、まあ、要するに、預金を引き出させようとしているのをやってるよね。

だから、このへんも、国家が〝詐欺師《さぎし》集団〟に見えてきて、何か怖《こわ》いね。

いやあ、老人に、「(預金は)金利はつかないよ。利子がほとんどつかないのよりは、やっぱり、もっと儲かる金融商品を」って言ったって、あんた、八十、九十の人が金融商品の話をいっぱい聞いたってさ、分かりゃしねえから、「じゃあ、お任せします」と言うてやったら……。「ああ、金融庁がついているなら間違《まちが》いないでしょう」とか、「有名な会社がバックについているなら大丈夫《だいじょうぶ》でしょう」と思ったら、（お金が）〝蒸発する〟ということがありうるからね。

だから、そういう、年寄りから取り上げた金を、だんだん、架空《かくう》の通貨みたいなもんで運用し始めたりしてきたら、あっと気がつけば、みんな〝姥捨《うばす》て山〟へ捨てられるか、あるいは、〝安楽死注射〟をしていただかないといけなくなることもあるかもしれないから。

ちょっとだけ、国の焦《あせ》りも感じてるので、大丈夫かなあ。若干《じゃっかん》心配。

日本の経済成長を三十年間も止めて、儲《もう》けた国はどこ？

森國　堺屋先生も、第二次安倍内閣のなかで、参与《さんよ》として、成長戦略にかかわっていらっしゃったと思うんですけれども……。

堺屋太一　いや、（安倍首相は）聞いてない。私の参与（の話）なんて全然聞いてないよ。それは、維新《いしん》のほうをコントロールするために、ちょっと給料を払《はら》ってるだけだよ。

森國　そうですか。

堺屋太一　あんなん、全然聞くわけない。聞いてやいないんで。「勲章《くんしょう》」と「参与」で、ちょっと何か動かそうとしてるだけだから。

まあ、経済成長が分からない与党も……。ただ、「三十年間経済成長を止める」っていうのも、それなりの〝素晴《すば》らしい技《わざ》〟だからね。もう、〝スーパーテクニック〟だから。なかなかできないので。「ここから出なきゃいけない」と、みんなで、もがいてはおるんだろうけど。

綾織　先生は、そのいちばんの原因は何だと考えられていますか。

堺屋太一　だから、「その間に、大きくなったところ」があるんだろうよ。そこが儲《もう》けたんだろうよ。

綾織　ああ、そのままそっくり行っているということですね。

堺屋太一　まあ、そういうことでしょう？「経済成長したところ」はどこなんだよ。そこを見りゃあ、そこが儲けたんだろう？まあ、分かってるし。

綾織　なるほど。はい。

堺屋太一　韓国《かんこく》だって、国民（一人当たりのGDP）は、三万ドルぐらいは行かないか。日本が一人当たり三万八千ドルぐらい？　だから、（一ドル）百円で計算すれば、日本は三百八十万、韓国は三百万？

綾織　はい。

堺屋太一　それぐらいで追いつこうと、もうちょっとで追いつけるかと思って、今、攻勢をかけてきているところなんだろうけど、そこまで、日本に追いつけるところまで成長したのもあるし。中国が、ちょっと、天文学的な成長の仕方をしとるわな。

中国は「ヒットラーの経済学」をやることになる

堺屋太一　でも、これは、先ほど言ったように、カラクリはちゃんとあるんで。国家の財務は赤字だのに、とにかく計画経済でガンガン立てて、経済が発展してるように数字をつくっている状況《じょうきょう》なんで。要するに、まあ、人が入らないマンションとかをいっぱい建てまくってるわけで。

綾織　ええ、そうですね。

堺屋太一　リゾートをつくったり、ねえ？　まあ、そういうことだよ。それで発展してるように見せてる。

軍事基地をつくったって、いちおう、経済成長にはならんだよ。そういうことだろう？

綾織　はい、そうですね。

堺屋太一　島のところを埋《う》め立てて、それで軍事基地をつくったら、それは、いちおう、経済成長には貢献《こうけん》するんだよ。

中国・天津市のゴーストタウン

ただ、実体はないから、それだけでは収入はまったく生まないからね。収入を生みたかったら、石油が出る国から奪《うば》い取らなければいけないから。先の日本軍の「経済戦争」と一緒《いっしょ》だな。

綾織　うーん、なるほど。

堺屋太一　「軍事」を「金」に換《か》えようと、必ずするわけで。軍事拡張したものを、やっぱり、原油や石炭、鉄鋼に換えていかなければいけないから、必ず資源のある国を取りたくなってくるわな。事実上、植民地にして、搾取《さくしゅ》するということをしようとするわな。

だから、かかった金の分を回収しようと、必ず考える。〝原始的な経済学〟ですよ。これ、ある意味で、「ヒットラーの経済学」をもう一回やるよ、彼らは。

綾織　なるほど。

堺屋太一　そういうことだと思うよ。それで経済成長してるんだから。実際に国民が働いて、金が貯《た》まって、大きくなったんじゃないんで。

だから、国が、国家が……、いや、日本だってそうですよ。今の安倍さんに、「一千百兆円の借金は少なすぎます。中国並みに行きましょう」と。「二千二百兆円まで借金はオーケーだから、あと一千百兆円は大丈夫です」と。「あと一千百兆円は、どっかから金を調達してくるなり、国債なり何なり何でも出して、バンバンつくったらいいんですよ」と。

何でもいいんです。夢の島じゃないけど、埋め立てて、何かそこで〝ジャパニーズ・カジノ・ドリーム〟をつくったっていいし、ねえ?

沖縄がうるせえからね。沖縄が暴《あば》れてうるせえから、「じゃあ、分かった。もう分かったよ。辺野古《へのこ》もそのへんも、米軍基地をつくるのはやめて、ディズニーランドを出しちゃうから」って言ったら、きっと、ワアーッと喜ぶから。「うちは、それだったら構わない」とかって言うだろうからさ。

やっぱり、金をどんどん使えばいいっちゃあ、そうなるけど、「そのあと、どうなるか」は、安倍さんはいないから責任を取らないで済むっていうことだわな。

中国が潰《つぶ》れる方向のトランプ大統領の今後の打ち手

堺屋太一　まあ、トランプさんは、今、中国が潰《つぶ》れる方向でやっています。うーん、だから、あと、日本に、「貿易黒字の部分を減らせ」と、いちおう脅《おど》しをかけてきてるけど。「減らさないんだったら、その軍事費用の部分を日本が代わりに持て」と。

綾織　はい、そうです。

堺屋太一　「アメリカが持っている軍事費用の部分を、日本が応分《おうぶん》の負担を背負う」ということを、たぶん、言ってくるから。やっぱり、「独自防衛をもうちょっとするように」ということは言ってくる。

いずれにしても、台湾防衛も含《ふく》めて、北朝鮮防衛と、〝利益を被《こうむ》る〟のは韓国や日本なんだから。

綾織　そうですね。

堺屋太一　だから、「自分たちで負担せよ」と、こう言ってくるとは思うよ。まあ、そういうふうに考えるはずだわな。

それで、中国、習近平《しゅうきんぺい》は、例えば、世界銀行からの金の流れや、アジア開発銀行からの金の流れが、「不正な使われ方をしている」という調査により、もし止められていった場合は、それはねえ、「沼《ぬま》から水が涸《か》れたのに、川が流れ出るか」っていう話になりますので。

資金の供給が止まったら、国営事業は次々と倒産《とうさん》し始めます。そしたら、外国のほうからの信用がなくなってくる。

今、このへんの戦いですね。

ケインズ経済レベルの中国、未来経済が見える大川隆法

綾織　まさに、トランプ大統領は、世銀の総裁を替《か》えるとか、アジア開発銀行のところも、かなり手を入れてきているので。

堺屋太一　やってますね。そうそうそうそう。

綾織　本当に、着々と進んでいるという状態です。

堺屋太一　インターポリスか何かの、何て言うんだっけ、あの、国際警察……。

綾織　ＩＣＰＯ。

堺屋太一　インターポールか。

綾織　インターポールですね、はい。

堺屋太一　うん。国際警察のトップが中国人なんて、もう、バカげた話だよ。

綾織　そうですね（笑）。

堺屋太一　こんなの、もう、替えさすのは当然のことだしね。

●**国際警察のトップが……**　2018年11月21日、国際刑事警察機構（ICPO）は、同総裁の孟宏偉《もうこうい》氏が中国で逮捕《たいほ》され辞任したため、後任として韓国出身の金鍾《キムジョン》陽《ヤン》氏を新総裁に選出した。

まあ、ちょっと、中国が世界で犯《おか》してる犯罪を摘発《てきはつ》する運動を、たぶん、やってくる。かなりやってます。そうとうな犯罪行為《こうい》がいっぱい行われてるから、これを摘発していかなければいけない。

そういうことで、だんだん、「中国を孤立《こりつ》化できるか。逆に、中国が日本を孤立化させようとするか」みたいな戦いになると思うけど。

まあ、大川先生が、まだわしみたいな年になっとらんから、たぶん、負けることはないんじゃないかな。うーん。見抜《みぬ》いてらっしゃると思うから。

習近平は、大川隆法に葬《ほうむ》られるよ、たぶん。

綾織　おお。そうですか。

堺屋太一　うん、うーん。たぶん。

綾織　なるほど。

堺屋太一　たぶん葬られる。こちらのほうが頭がいいわ。先が見えてるし、金融も知ってて、経済の原理をよく知ってるから、たぶんやられる。

だから、「未来経済」だよな。未来経済が見えるかどうかだから。彼らの経済は、「ケインズ経済」がドイツを立ち直らせたときと変わらないレベルで、まだやっているから。

綾織　なるほど。

10　ＧＡＦＡ《ガーファ》の限界の先にある「究極の知価革命《ちかかくめい》」

ＧＡＦＡの限界、宗教の本質

綾織　まさに、その「未来経済」のところをお伺《うかが》いしたいと思います。

今、隆盛《りゅうせい》を極《きわ》めているものとして、先ほどの中国の「軍事経済学」と、もう一つは、いわゆる「●ＧＡＦＡ《ガーファ》」に象徴《しょうちょう》されるようなデジタル企業《きぎょう》の繁栄《はんえい》があります。

堺屋先生は、生前、「知価革命《ちかかくめい》」ということを説かれ、「知識が一つの価値を生み、それによって新しい産業が出てくる」というお話をされていました。

ＧＡＦＡは、ある種、その一つでもありますが、これから未来を考えたときに、やはり、その限界も明ら

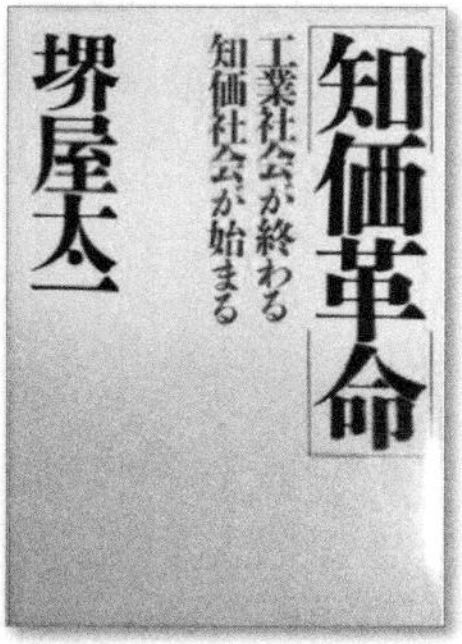

『知価革命―工業社会が終わる　知価社会が始まる』（堺屋太一著／ 1985年刊／ PHP 研究所）

●ＧＡＦＡ　アメリカの代表的なＩＴ企業である、グーグル（Google）、アマゾン（Amazon）、フェイスブック（Facebook）、アップル（Apple）の４社のこと。

かになってきているのではないでしょうか。

堺屋太一　まあ、ＧＡＦＡは、今はもう完全にターゲッティングされているから。もう、世界中から、「これ以上、権力を持たせたくない」っていう気持ちが出ているから、〝分解されていく〟と思う。まあ、だいたい、「独占禁止法《どくせんきんしほう》」と一緒《いっしょ》だよ。分解される。

国家よりも強い力を持つ可能性があるので、それは許されないことだわな。

綾織　なるほど。

堺屋太一　民間企業としては許すべきでないから、これは弱められる。いろんな法制度をつくられて、分解されていくだろうから。

まあ、「知価革命」っていうのは、別に情報だけではないから。知恵《ちえ》の部分がもうちょっとあってもいい。要するに、「知恵」が「富」になる時代っていうことだよな。

綾織　なるほど。

GAFA《ガーファ》を超《こ》えた「知価革命《ちかかくめい》」は「霊界《れいかい》産業」

堺屋太一　大川隆法先生なんかも、それはうまいことやってるんじゃないの？　だから、「天上界《てんじょうかい》」という世界？　まあ、あなたがたはそう信じてるけど、それ以外の人には、これは〝バーチャルリアリティー（仮想現実）の世界〟ですよ。ありえない。

要するに、4D《フォーディー》でかかっている飛び出してくるアニメみたいなもんですから。主人公が飛び出してきて、生きているように動いてる。そういうふうに、まるで、生きている人がいっぱい来てしゃべっているかのように、そういう幻想《げんそう》世界を広げているように見えてるわけよ、一般《いっぱん》の人にはね。

綾織　はい。

堺屋太一　私もそうなのよ。（本霊言《れいげん》の収録映像に）「堺屋太一なんか映ってないじゃないか。違《ちが》う。映ってるのは、大川隆法さんじゃないか」というような……。

綾織　どうなんでしょうか。

堺屋太一　ええ？

綾織　バーチャルなんでしょうか（笑）。

堺屋太一　いや、一般人から見りゃあ、〃バーチャルリアリティーの世界〃だね。まあ、完璧《かんぺき》にね。

だけど、これを資金に換《か》えてるんだろう？　私のはあんまり売れてないんだろうけど、売れるやつもあるだろうから。これを資金に換えて、「幸福の科学」っていう実体経済を伴《ともな》う活動に換えていってんだろ？

だから、君らも「知価革命《ちかかくめい》」をやってんだよ、ちゃんと。

この「知価」は、もしかしたら、「地下」という意味かもしれないし、「いや、『地下』じゃありません。『天上』革命です」と言うかもしれないけど。まあ、「霊界《れいかい》」っていう無限の智慧《ちえ》があるところから、その価値を引き出してきて、そして、君たちがこの実体経済に換えているとするなら、要するに、これも、今言ったGAFA《ガーファ》を超《こ》えた「知価革命」ではあるから、この「霊界産業」って、意外に大きくなる可能性はあるよ。うん。

綾織　おそらく、そこから、ＧＡＦＡを超えるような未来産業が本当に出てくる、あるいは、それをつくり出していかなければならないのが私たちの役割であり、幸福実現党も、ある意味、そのために存在していると思います。

堺屋太一　いや、それは、まあ、ある意味では正しいんだよ。だから、あなたがたが言っている、そのバーチャルリアリティーの大本《おおもと》にあるのは神なんだろうから。

神が地上に生きている人たちを豊かにしようと、富まそうとする気持ちを持っておられるので。そのお気持ちを受けて、体現して、国々を豊かにしていこうとしているっていうんなら、これは、宗教的に極めて筋《すじ》の通った話であって、別に何ら問題はない。うん。神様に〝法規制をかける〟ことのほうが難しい。うん。

綾織　そうですね。堺屋さんも、お話ししているうちに、だんだんいい雰囲気《ふんいき》になってきて、この世的なところが取れてきた感じがします（笑）。

堺屋太一　そうだねえ。（私は）この世的すぎてさあ、天国には還《かえ》れないんじゃねえかと思って、もう心配してんのよお。

綾織　はい。今の雰囲気には非常に親和性を感じます。

堺屋太一　いやいや。「ザ・リバティ」の〝背後霊〟だよ。今の雰囲気だと、「ザ・リバティ」の背後霊で、後ろに……。

綾織　いえいえ。ようやく神様の話が出てきましたので。

堺屋太一　ああ、そうか、そうか。そうだ。いいことだ。

綾織　はい。非常に素晴《すば》らしい状態になってきたと思います。

堺屋太一　まあ、もし、これを「神様の声」「高級霊の声」みたいなものとして印刷して発行しても、実はインチキで、「堺屋太一は永遠に（天上界に）上がれませんでした」ってなったら、「ザ・リバティ」の職員は、毎日、供養《くよう》をね。ご飯《はん》一膳《ぜん》に、線香《せんこう》を立てて、「堺屋先生、どうぞ、餓鬼地獄《がきじごく》から天上界に上がってください」って、まあ、祈《いの》ってくれよな。

綾織　まあ、ご飯はちょっとあれですけれども……（笑）。

『知価革命《ちかかくめい》』で想定していたビジョンは当たったのか

斎藤　今、堺屋先生が生前に書かれた『知価革命《ちかかくめい》』の話が出ましたけれども、あの本が発刊されたのは一九八五年でした。これは、幸福の科学が始まったのと、ちょうど同じぐらいの時代です。

堺屋先生は、今から三十四年ほど前に、その『知価革命』のなかで、要するに、「工業社会はもう終わる。次は、『知識が付加価値を持つ社会』が来るのだ」ということを予言的に述べられていました。当時、想定していた具体的なビジョンを振《ふ》り返ってみると、三十四年たった今、ご自分のなかではどの程度当たったという感じがあるのでしょうか。

堺屋太一　まあ、あのネーミングは、もうひとつ足りなかったから、そう普及《ふきゅう》しなかったけどね。ネーミングがちょっと悪かったから。もう少しいいネーミングを考えるべきだったかな。

でも、ちょうどアルビン・トフラーなんかが「第三の波」とか言っていたような時代なんで、一部は当たっているんじゃないの？

●アルビン・トフラー（1928 ～ 2016）　アメリカの未来学者、評論家。1980 年に発表した『第三の波』では、「農業革命（第一の波）、産業革命（第二の波）の次には情報革命（第三の波）が起きる」とし、情報化社会の到来を予言した。他の著書に、『パワーシフト』等がある。

斎藤　「第三の波」。はい。

堺屋太一　君たちだって、今、ここ（特別説法堂《せっぽうどう》）で録《と》っているけどさあ、本来なら総合本部で録らなきゃいけないところを、ガソリン代は惜《お》しいし、時間は惜しいし、往復の計算をして、三十分縮めるために、特別説法堂でやっとるんだろうと思うけど。

いや、だから、これも今、私が言ってた「知価革命」の一部なわけなのよ。

当時、「知識が仕事をする、情報が仕事をする時代が来るから、自宅ででも仕事はできるようになる」と言ってたけど、これは、ある意味では当たっていたわけで。今は、自宅でコンピュータの端末《たんまつ》をいじって金を儲《もう》けている連中もいっぱい出てきているし、ある意味では、東京証券取引所みたいなところで売り買いしていた人たちは、もういなくなっちゃったんだからね。これはコンピュータでみんなやれるようになってきたということなんだろう？

例えば、この「知価革命」は将棋界《しょうぎかい》にまで及《およ》んでいて、将棋をする若い人たちがどんどん強くなったのは、コンピュータに棋譜《きふ》を一万局も入力して、「この場合、どうしたほうが勝率が高いか」みたいなのまで計算するようになったんだろ？で、次、名人がコンピュータに負け始めて、将来的に職業として成り立つのかどうかがちょっと疑われているところだわな。

だから、今の世界の流れ的には合っていたんではないかとは思うが。

「究極の知価革命《ちかかくめい》」が「新たな世界宗教の創造」だという意味

堺屋太一　でも、今、私が死んで思うのは、やっぱり、「究極の知価革命《ちかかくめい》」は「新宗教の創造」だと思うよ。

斎藤　なるほど。新宗教の創造。

堺屋太一　だから、世界宗教が起きたときに、これは、「知価革命」が起きたんだと思うんですよ。

例えば、孔子《こうし》が一人、中国に降りて、儒教《じゅきょう》文明っていうのが出来上がった。イエスが生まれて二千年、キリスト教文明っていうのができてきた。ねえ? 仏陀《ぶっだ》が生まれて二千五百年余り、仏教文明っていうのができてきた。

そういう、特色のある、国を超えた文明ができてきて、それに基《もと》づいて、いろんなものが……。

キリスト教だって、最初、イエスは何も持っていなかった。パン一切れがなかなか手に入らないような生活をしていたんだろうけど、でも、キリスト教文明は繁栄していって、いろいろと副次的なものを生み出していったわな。

これは、ある種の「知価革命」なんですよ。今は機械を通じてやることだけを「知価革命」と思っているかもしらんけど、死んでから思うには、そりゃあ、やっぱり、「神様の声に基づいて新しい文明ができる」こと、これが最大の「知価革命」だろうと思うから。

幸福の科学が株を発行してくれるのなら、僕《ぼく》なら買うな。いやあ、今なら買う、うん。

綾織　なるほど。これは非常に大事なところだと思います。

今後、数千年の学問体系に影響《えいきょう》を与《あた》える「学問革命」とは

綾織　先ほど、「天上界の智慧を降ろして、そうした繁栄をつくっていく」というお話がありましたが、それを未来産業につなげていきたいと思っています。

そのための鍵《かぎ》になるのは、「教育」や「学問」のところになるかと思いますが、ここが唯物論《ゆいぶつろん》でかなりガチガチになっている面があります。

堺屋太一　うん、うん。分かる分かる。それ、よく分かる。

綾織　そういう発想の限界をつくっているところが、その……。

堺屋太一　分かる。分かる、分かる。それは分かる。君たちさあ、ＨＳＵってつくってるじゃない？　ハッピー・サイエンス・ユニバーシティか？　まあ、文科省と揉《も》めているようだけど。揉めるものほど、やっぱりねえ、それは付加価値が高いんだよ。

綾織　なるほど。

●ＨＳＵ（ハッピー・サイエンス・ユニバーシティ）　2015年4月に開学した「日本発の本格私学」。「幸福の探究と新文明の創造」を建学の精神とし、「人間幸福学部」「経営成功学部」「未来産業学部」「未来創造学部」の4学部からなる。千葉県長生村《ちょうせいむら》（左）と東京都江東区（右）にキャンパスがある。

堺屋太一　認めると、既成《きせい》の文科省のお墨付《すみつ》きの大学とかがみんな没落《ぼつらく》する恐《おそ》れがあるんで。まあ、彼らは察知しているよ。だから、それをなるべく先延ばしにして、自分たちの権益を奪《うば》われないようにしようとしていると思うんですよ。

君たちの大学が文科省の指揮下に入らないのは分かっているから。神様の指揮下に入っているんだろう？　だから、（指揮を）執《と》れないわなあ。

神様の指揮下に入らないように、大学のほうは、「科学」の名の下《もと》に学問をやろうとして、今、文科系の学問まで消そうとしているぐらいだろう？　それは、「唯物論」に入っているんで。基本的に、文科省はもう中国の傘下《さんか》に入っているようなもんでね。

まあ、どうせ、安保《あんぽ》世代の、勉強のできなかったやつあたりがもとの上司にいて、そのあと、勉強のできないのをどんどん入れ続けて。優秀《ゆうしゅう》な人は大蔵省《おおくらしょう》（現・財務省）や通産省（現・経済産業省）に入っていくからね、だいたいね。だから、あのへんに入っているのは、そういう左翼《さよく》的な考えを持っているような、もう、「タダで教育をつけてやりたい」みたいな。で、「権限を大きくして偉《えら》くなりたい」みたいなやつが多いんだろうからさ。

（幸福の科学は）ＨＳＵっていうすごいのをつくっているから、面白《おもしろ》いんじゃないの？「神様の学問」っていうのが出てくるって。

いやあ、イスラム教だって、それで、中世、発展したんだからさあ。まあ、けっこういけるんじゃないか。

綾織　なるほど。

堺屋太一　面白いと思うなあ。あとは、ソクラテス、プラトン、アリストテレス、このあたりの三人ぐらいでつくったものが、けっこう西洋文明の基礎《きそ》になってるからさあ、もう、すごく面白いと……。

だから、大学許認可、それで、就職できるかどうかということを、親御《おやご》さんとか本人とかには心労している人もいると思うけど、そんな小さいもんじゃないんじゃないかな、君らから出ているものは。それは、今後、千年、二千年の学問体系に影《えい》響《きょう》を与《あた》えるようなものだから。

孔子の学問に、当時の文科省が認可を下ろしたか？　そんなの、ありえない。ねえ？　仏陀の仏教に、そんな何か認可を下ろしたか？　そんなの、ありえない。そんなのはみんな後世の話さ。それを国教にするかどうかは、後世、決めるものであってね。

孔子の教えなのに、一行一句を「科挙《かきょ》の試験」でやられるなんて、孔子さんだって考えていなかっただろ？　まさか。

綾織　そうですね。

堺屋太一　そのとき、あなたがたと話しているようなこの会話、これが出題になるんだよ。君、変なことを言うなよ。

斎藤　はい。そこは、霊人《れいじん》からもよく叱《しか》られているので、十分に反省しています。

堺屋太一　君の言った言葉はその出題のなかで穴（空欄《くうらん》）を開《あ》けられて、そして、君が編集部で勝手に直した部分も、これも引っ掛《か》け問題として出されるようになるんだよ、千年後ね。そのときに、君らは、耐《た》えられるような良心を持ってなきゃあいけないよ。そういうことなんで。

君たちの信者の子弟《してい》たちには、もっと大きな志《こころざし》を持ってほしいなあ。「君らはもう千年後を生きているんだと思って行け」と言わないといけない。これ、面白いと思う。

綾織　なるほど。

堺屋太一　だけど、今はまだ小さいだろうから、そういう意味で希少価値があって、これも、「神様の知価革命」じゃないけど、「神様の学問革命」だろうから、ここからまた「無限の富」や、あるいは「繁栄」が生まれてくるんじゃないかなあ。

大学無償《むしょう》化は、「今の教育には価値がない」と認めたも同じ

堺屋太一　教育は、本来、そうでなければならないけど、今の教育はもう尻《しり》すぼみになっていて、要するに、補助金を注《つ》ぎ込《こ》まなきゃいけないようなものばっかり？　だから、学問が限りなく、マルクス経済学とクロスするような福祉《ふくし》行政になっているから。

綾織　大学無償《むしょう》化でも、もう全部国税で……。

堺屋太一　だって、付加価値ないもん。だから、(大学に) 行ったって、金は取ってるけど、それで賢《かしこ》くならないんだもん。だから、お金取れないんじゃない？　賢くなるんだったら、ほんと、お金払《はら》うよ、みんな。だけど、タダにしようとしてるんだろ？　それは、価値がないことを文科省は認めたのと一緒だよ、ほぼ。

綾織　なるほど。

堺屋太一　学んだって、「実は年を取っただけで、何も役に立っていません」なんていう……。

「『憲法』はあります。『憲法学』の試験もあります。講義もあります。しかし、政府がやってることは、憲法の裏をかいて、どうやって、それを守らずに実際にやるかっていうことばかりです」。こんなの教えようがないじゃん。

安倍《あべ》さんがやってるのもそういうことじゃないの？ 憲法に手をつけずに、憲法改正しないで、憲法が禁じていることを全部やってるから。だから、なくてもいいんで、「憲法学」なんて、もう〝セミの殻《から》〟みたいになってるよ、今。はっきり言やあな。

こんなのを教えてさ、給料をもらってる人、授業料を払う人？ バカみたいじゃん。だから、バカだっていうことを思わせないようにするために、無償化を一生懸《いっしょうけん》命《めい》しようとしているわけ。

綾織　なるほど。

「経済学なんて、もう、〝最大の詐欺《さぎ》罪〟だからね」

堺屋太一　経済学なんて、もう、〝最大の詐欺《さぎ》罪〟だからね。ほとんどね、嘘《うそ》だから。

あれをそのとおりやって失敗した人、もう、山のようにいるんだけど、その失敗も……、教えも理論でごまかしてるけど、失敗さえも隠蔽《いんぺい》するのが経済学なんで。「ある別な要因が働いたために、そうなった」と言ったら、終わりだからね。「この仮定の下《もと》には、人間は、経済的に、必ずこういうふうに行動するから、こういう結果になるしかないのである」と。ところが、「この仮定は、一部条件が変わったために（結果が）こうなったのであって、何ら間違いはない」と、彼らはこう来るからさ。

斎藤　先ほど、堺屋先生は、「知」から「富」や「繁栄」などが生まれるというようなことをおっしゃいました。

それは、この「新しい時代の宗教」が発祥《はっしょう》した流れというものが、今後、どのようになっていくということなのでしょうか。

堺屋太一　まあ、よくは知らんけどさ、死んで三十日ぐらいの私から見りゃあさ、大川隆法さんっていうのは、もう、「純金でできた仏像」に見えてしょうがないよね。

斎藤　そうですか。

堺屋太一　それも、なかは空洞《くうどう》じゃないんだよね、うん。なかが空洞でさ、外側だけ上手に薄《うす》くつくってある仏像があるけど、そうじゃなくて、なかまで純金でできた金の仏像。指の一本でも、ちょっと欠片《かけら》を持っていきたいような感じがするから。

意外に、君たちの信仰心《しんこうしん》のおかげかもしらんけど、（幸福の科学では）金粉《きんぷん》が降るらしいが、君たちはね、金粉じゃなくて金の大仏を拝《おが》んでるんだよ。だから、これねえ、もうすぐ金塊《きんかい》がポロポロポロポロポロ転げ出してくるから。ねえ？

「ザ・リバティ」が売れないなんていうのは、それはね、貧乏《びんぼう》になりたい人たちの習慣ですよ。豊かになりたかったら、「ザ・リバティ」の外側に、ちゃんとカバーも付けて読むぐらいでなきゃいけないと思うね。

綾織　なるほど。分かりました。

一・七日に一冊、本を出す大川隆法の知的生産

斎藤　堺屋先生は、ご生前、『豊臣秀長《とよとみひでなが》』、あるいは、石田三成《いしだみつなり》のことを書いた『巨《おお》いなる企《くわだ》て』など、いろいろな歴史小説も書かれました。

堺屋太一　うんうんうん。書いた書いた。

斎藤　そういうものも、インスピレーションを受けていたのかなというように、私は思ったのですが……。

堺屋太一　いや、受けてない。全然。

斎藤　受けてない？（笑）そうですか。

堺屋太一　ああ、すみません。勉強して書きました。

斎藤　勉強して書いたんですか。

堺屋太一　ああ、はい。

斎藤　大川隆法総裁先生は、今、二千九百回以上のご説法と、二千五百冊以上の書を出されています（収録時点）。

堺屋太一　へええ！　すごいねえ。

斎藤　今、堺屋先生は、「歴史小説は勉強して書いた」ともおっしゃいましたが、「知的生産」という観点では、この「インスピレーション」と「知的なもので勉強して書くところ」とのバランスはどうお考えでしょうか。私たちは、堺屋先生はこの世的な仕事能力も非常に高い方だったというように思っています。この「知」のあり方に対しては、どのように思っていますか。

堺屋太一　いや、私らはさ、そりゃあ、ちゃんと、いろいろ勉強したりして資料を集めて書いているからさ、まあ、年に二、三冊書くのだってけっこう大変な重労働ですよ。

そんな、君らのところみたいに、「●一・七日に一冊（本が）出ている」とか、信

●一・七日に一冊……　大川隆法著の書籍は、2013年から2019年初頭まで、平均一・七日に一冊のペースで発刊されている。『不惜身命《ふしゃくしんみょう》 2017　大川隆法 伝道の軌跡《きせき》』（監修《かんしゅう》・大川隆法／幸福の科学出版刊）参照。

じられないよ。

もう勘弁《かんべん》してくれよ（笑）。そりゃあ、「知価革命」だな、まあ。ハッハ（笑）。

そんなの、ありえねえから。

今後、観《み》る媒体《ばいたい》、聴《き》く媒体の出現で、本や雑誌は要《い》らなくなるかも

堺屋太一　まあ、でも、本はもう要《い》らないんじゃないかなあ、本当に。本っていうのは要らないんじゃないかな。

普通の人は、一時間半か二時間か知らんけど、この収録したやつを支部とかで観《み》て。お忙《いそが》しいビジネスマンのためには、「ザ・リバティ」がコミッションを取って、これを圧縮して圧縮して、「通勤の三十分の間で全部分かる」と。あるいは、十五分の間にこの要点が全部分かるように、十分に圧縮したやつを上手につくって。「それだけで済ませる人」と、「ちゃんと全部聴《き》く人」とに分ければ、マーケットはもうちょっと大きくなる可能性はあると思う。

綾織　なるほど。

堺屋太一　だから、もうすでに活字すら要らないんじゃないかなあ。

幸福の科学出版社長、バイバーイ！　いつでもあの世へ還っていいよー。

もう聴くだけでいい。二時間、聴くか観るか。観て分かる人と、あるいは、十五分ぐらいにコンデンス（凝縮《ぎょうしゅく》）して、耳にヘッドホンをつけて、音楽の代わりに通勤の間だけ、要点をちょっと勉強して、あとは、「ザ・リバティ・レポート」で二、三枚にまとめておいてもらって、それだけを読めば要点が分かる。例えば、「堺屋太一の主張は何だったのか」っていうのが分かる。

あなたがたの質問は全部消して構わない。要らないから。もうザーッと消して、要点だけをキチッと集めて。

こういうねえ、「リーダーズ・ダイジェスト」みたいな仕事は、まだねえ、これはありえるな。

綾織　なるほど。

堺屋太一　あ、それが君たちの雑誌なのかもしれないけど（笑）。

綾織　まあ、そうですね。

堺屋太一　あれ、要らないね、あんな大きいものはね。もうちょっと薄くていい。

綾織　そうですか。

堺屋太一　時間が惜しいでしょ？　読むの。特に、その他大勢の作文が、ちょっと時間の無駄《むだ》の部分、あるでしょ。

綾織　なるほど。

堺屋太一　いや、君たちだけじゃないんですよ。もう「文春（文藝春秋《ぶんげいしゅんじゅう》）」だとかさ、まあ、いろんなところから、この厚いのを出してるじゃない？　なあ？　あれ全部、もうほんと、時間の無駄で、読むに値《あたい》するもの（記事）は一人分ぐらいあればいい。十ページもあればいいほうで、あとは、ただただ何百ページにもして定価分を取るためだけに載《の》せているんで。

あれは本当にねえ、南洋材以外も含《ふく》めて、まあ、木材の消費だよね。本当にそう思うね。

11 「台湾《たいわん》」と「日本のエネルギー問題」

「現代の兵糧攻《ひょうろうぜ》め」は「エネルギー攻め」だよ

斎藤　ちょっと、もう時間もないのですが……。

堺屋太一　ああ、どうぞ、どうぞ。

斎藤　（二〇一九年）三月三日、大川隆法総裁先生は台湾《たいわん》で説法《せっぽう》をされました。今度、その説法が収録された『愛は憎《にく》しみを超《こ》えて』（幸福の科学出版刊）という本が、三月下旬《げじゅん》には早々《そうそう》に発刊されます。

『愛は憎しみを超えて』（前掲）

大川総裁は、その「あとがき」で、「『台湾の自由を守り抜《ぬ》く。』のが正しいこと」「中《ちゅう》華《か》人民共和国を、台湾・香港《ホンコン》化し、民主化せよ」という主張をドーンと打ち立てられています。そして、「これが地球神の考えである。また、私は、日本人としての考え方の筋《すじ》を明確にし、現代の武士道のあり方も説いた。ハラをくくることも大事である」と言われました。

また、台湾、中国の方々、アメリカやヨーロッパの人々にも、この本を読んでいただきたいと言われています。

先ほど、台湾のご説法のこともチラッとおっしゃっていたので、（この世とあの世の）〝中間地帯〟におられる今のお姿から見たときに、この台湾での歴史的な講演はどのように映るのかについて、ご見識を開陳《かいちん》いただければと思っています。

堺屋太一　うーん、それは岡崎《おかざき》先生なんかのお得意の領域だろうと思うけど。安全保障上は、そりゃあ、台湾が「自由の国」であることは、あなたがたにとっては、とっても大事なことだわね。

油がね、私の『油断！』じゃないけど、ほんとに油が入ってこなくなるからさ、あのへんの海域を全部、中国に押《お》さえられてしまったら。全部、拿捕《だほ》されちゃうからね、タンカーが。入らなくなるから、「君ら（日本）は、どっからエネルギーを供給するのか」っていうことだよね。

あとは、アメリカのシェールオイルとか、ロシアの天然ガスとか、そんなのでももらうしかないけど。あとは、太陽光発電、風力発電、地熱発電から、海洋の温度差発電とか、いろいろあるけど、うーん……、ちょっと、供給量としては、そんな大きなものではなくて。まあ、一時的に流行《はや》るかもしらんけど。

今、中国も困ってるでしょうね、太陽光発電。日本の企業《きぎょう》が売りつけたのをいっぱい使って、今、みんな迷惑《めいわく》してる。中国は黄砂《こうさ》が降りまくるからさあ。あんなもん（笑）、発電力が、最初だけで、あと、どんどん落ちていくんで、次は、太陽光パネルを掃除《そうじ》する仕事っちゅうのが発生して、コストが発生してるんですよ。ゴビ砂漠《さばく》から飛んでくる、あの砂の部分、これがあれだしね。

マクロで言や、君たちが言うとおり、原子力発電のところはやっぱりキープしとかないと、死守しなければ危ないだろうね。「国家の存亡《そんぼう》」にかかわるわね。

中国もアメリカも、(原子力発電を)どんどん進めるつもりでいるのに、日本は怯《おび》えちゃってるし、台湾まで怯えてやめようとしてるけど、台湾海峡《かいきょう》(バシー海峡)を通過できなくなるときに、いちばん安全なのは、やっぱり、「十年や二十年は原子力発電でやっていきます」という状態をつくっておくことが安全だろうな。

戦争まで来るのは、もっと先の話だからさ。まず〝兵糧攻め《ひょうろうぜ》〟から来るから。〝現代の兵糧攻め〟は「エネルギー攻め」だよ。エネルギーを止められたら、工場は全部、操業ストップになるからね。

リニア時代は、核分裂《かくぶんれつ》・核融合《ゆうごう》の発電が必要

堺屋太一　その意味で、福島(原発の事故)の問題はあって、まあ、みな、一生懸《いっしょうけん》

命、嘆いて見せないと、マスコミが許してくれねえから、天皇陛下以下みんな嘆いて見せてるだろうけど。うーん、実際は、そういうふうに考えるべきではなくて、そういう事故が起きないように、さらに強度を高めるにはどうするかを考えることが大事だと思う。

太陽光パネルとかもあるけど、今言ったように、例えば、本当に、隕石《いんせき》一つ落ちてきて、地球が砂塵《さじん》で覆《おお》われたりしただけで、もうエネルギーはなくなるよ、簡単に。太陽が曇《くも》っただけでも、なくなるよ。そういうこともあるし、風力だって、そんな安定的ではないしね。

中国は、さらに、これからエネルギーが欠乏《けつぼう》してくるから、あちらの、「中東の原油を全部、押さえる」っていうのは、ほんとに狙《ねら》ってると思うよ。一帯一路《いったいいちろ》、AIIBで金を貸し付けて、開発をいっぱいさせて、全部、押さえ込《こ》みに入ろうと、全部、自治区にしようとしてる。私は、そう思うよ。

「CO_2に反対」とか言ってたのに、今、化石燃料に頼《たよ》って、また貿易赤字が日本は増えているはずだけど、やっぱり、先の震災《しんさい》は、民主党が呼んだ「民主党災害」であって、別に、そういう科学技術的なものだけではないんだということを知ったほうがいいね。

綾織　はい。

堺屋太一　アメリカや中国は、（原子力発電を）どんどん増やそうとしてるんで。まあ、当たり前だろうと思う。

あと、「リニアの時代」が来るから、どうしても、原子力はやっぱり捨てられないね。莫大《ばくだい》なエネルギーを必要とするんで。

今、あれでしょう？　名古屋《なごや》と品川《しながわ》もリニアで結ぼうとしてるんでしょう？　二〇二七年か何か知らんけど、それぐらいにね。

綾織　はい、そうです。

堺屋太一　リニアのエネルギー消費量は、新幹線の十倍ぐらい行きますから。このエネルギー、どっから出すんだよ？

太陽光発電や、風力発電で回転しているのでリニアを走らせるって、バカげてるよ。「速く走るのをやめて、ゆっくり走りませんか」って話になる。「ローカル電車で、ゆっくり行きましょう」っていう話になるよ。な？

だから、未来を考えれば、やっぱり、エネルギー効率のいいものがいいし、あの高速増殖炉《ぞうしょくろ》の「もんじゅ」をやめてしまったのは、非常に大きな間違《まちが》いだったんじゃないかね。

使えば使うほどに増えてくる夢のエネルギー源なんてのは、すごいことだよ。あれは、もう一回、考え直したほうがいいんじゃないかなあ。

綾織　はい。そのあたりのところについては、幸福実現党が頑張《がんば》っていきたいと思います。

堺屋太一　それに、核分裂《かくぶんれつ》による発電だけではなくて、「核融合《ゆうごう》発電」っていうのもあって。こちらは、まあ、「もし、君たちが核兵器をつくりたくないなら」のことだけどね。

核分裂は、核兵器がつくれる発電ですから、そうじゃない核融合型発電をすれば、エネルギーは取れるけど、核兵器にはつながらないっていうのがあるから、それも一つの考えではあるわな。

綾織　ありがとうございます。

12 「心残り」と幸福実現党へのエール

福島遷都《せんと》で「国家の中枢部皆殺《ちゅうすうぶみなごろ》し」になるところだった……

綾織　最初の、霊界《れいかい》のお話に戻《もど》るのですけれども。

以前、（堺屋太一氏の）守護霊霊言《しゅごれいれいげん》がありまして、おそらく、守護霊さんそのものは、堺屋さんのところにいらっしゃっているのかなという気はするのですが、「どういう感じの人だったか」とかいうのは、認識できましたでしょうか。

堺屋太一　何となくねえ、確かに、「遷都《せんと》」を言ってたあたりは、守護霊の声が聞こえてたんかなあという気が、ちょっとするけどね。遷都ね。

綾織　遷都。はい、はい。

堺屋太一　遷都を、何か、うーん、あのときは、「会津遷都《あいづ》」を実は考えてたから。私が言って、あれで法律まで通ったんだよね、国会でね。「遷都法」かなあ。通っちゃった。

もし、そのとおり遷都してたら、民主党政権時代にみんな死んでるから。

綾織　確かに、そうですね（苦笑）。

堺屋太一　「福島遷都」して、皆殺《みなごろ》し、〝国家の中枢《ちゅうすう》部皆殺し作戦〟になったから、しなくてよかったね。

まあ、だから、守護霊の見える世界は、そのくらいだっていうことだよね。

綾織　なるほど。

堺屋太一　あとは、関西系も好きだから、たぶん、関西系にもいるだろうとは思うがな。

綾織　はい。その本のなかで、守護霊様は、「堺衆《さかいしゅう》にいたのではないか」と言われていました。

堺屋太一　……と願いたいね。

斎藤　（笑）

堺屋太一　まあ、でも、「名前が出なかった」ということは、「偉《えら》くない」っていうことであろうから。

綾織　ああ、そうですか。

堺屋太一　まあ、いいんじゃないか。今回が〝いちばん有名〟になったんじゃないか？　どっちかといえば。

綾織　なるほど。はい、はい。

堺屋太一　これ（堺屋太一という名は）、まあ、もちろんペンネームだけどね。池《いけ》口《ぐち》……、もう、本名、忘れちゃったよ。

綾織　池口小太郎《こたろう》ですね。

堺屋太一　「本名・池口小太郎」なんていうんじゃ。これじゃあ、まあ、書けるとして「忍者《にんじゃ》もの」だな。忍者ものぐらいだったら。池口小太郎による忍者ね。「伊《い》賀《が》の忍者・小太郎が活躍《かつやく》する」っちゅうような（笑）、まあ、そんな話ぐらいしか書けない。

渡部昇一《わたなべしょういち》氏や司馬遼太郎《しばりょうたろう》氏が来ないことを不思議がる

綾織　では、特に、ご自身としても、過去世《かこぜ》を明らかにしたいという感じではないのですね。

堺屋太一　そんな有名な人はいるかどうか、まだ分かんないんだよ。実は、(死後)三十日じゃ、全然、分からなくて。

綾織　ああ、分からない。

堺屋太一　これから……。これから導きをされ、どこかへ行って、「生涯《しょうがい》反省」があって、それから、行くコースが決まって、誰《だれ》が指導霊でつくかで、まあ、ちょっと連れて行ってくれて。

綾織　なるほど。

堺屋太一　まだ、そんなのが分かるような状態では、今、ないらしい。

綾織　こういうご縁《えん》もできましたし、ぜひ、今後……。

堺屋太一　でも、どうしてだろうな、渡部昇一《わたなべしょういち》さんとかさあ、来てもいいような気はするんだよなあ。同じような仕事してて……。

綾織　あ、お友達として？

堺屋太一　うん。いや、亡《な》くなっただろ？　二年前に亡くなったよな。

綾織　はい、はい。

堺屋太一　来てもいいような気はするよなあ。

綾織　はい。ご挨拶《あいさつ》で。

堺屋太一　なんで来ないんだろう。

訊《き》いといて。何してんの？　ああ、ほかに忙《いそが》しいことがあるの？

綾織　もしかしたら、何か……。

堺屋太一　来ない。来ないし、司《し》馬《ば》遼《りょう》太《た》郎《ろう》さんみたいな人も来ないし。

綾織　あ、そうですか。

「フィクサーみたいになって、政権を誕生させてみたかった」

堺屋太一　うーん……。どういうことかなあ。私、この世的なのかねえ。

綾織　うーん、もしかしたら、ちょっと、そんな感じもありますかね。

堺屋太一　信仰心《しんこうしん》がゼロなわけではない。

綾織　はあ、そうですか。

堺屋太一　だけどね、官僚《かんりょう》経験っていうのが、やっぱり、ちょっと何か、すごいこの世的なね、論理の刷り込《こ》みがそうとうあるから。

「魂《たましい》」が、「頭脳」から十分、分離《ぶんり》しなかった部分がまだあるから、これを、そうとうまだ磨《みが》かないと駄目《だめ》なのかもしらんね。

綾織　なるほど。

堺屋太一　〝砂を被《かぶ》ってる〟かもしらんなあ。

綾織　うーん。

堺屋太一　だから、そっちは、君たちのほうにお願いするしか……。バーター（交換条件《こうかんじょうけん》）なんだ。だから、今日は、しゃべるから、ちょっと何かうまく……。

何か、コネがあるやろう！　たくさん。コネが。

綾織　うーん……、まあ、それもあるにはあるのですけれども、やはり、「ご自身の修行次第《しゅぎょうしだい》」というのが、結論になってしまうので。

堺屋太一　いやあ、いやあ、それによっては、君な、幸福実現党が当選できるように、応援《おうえん》できなくはないんだよ？

だから、有名人の背後に憑《つ》いて、「幸福実現党、幸福実現党へ行け。未来はここだ！」とかってね。

綾織　すごくありがたいことではあるんですけれども（苦笑）。ただ、やはり、お亡くなりになって、「個人としての人生」の、まあ、先ほど、「生涯反省」という言葉がありましたけれども、ここに打ち込んでいただいて、ご自身の……。

堺屋太一　いやあ、でも、今のままだったら、君ね、あのねえ、DAIGO《ダイゴ》とかがさ、「お祖父《じい》さんは総理大臣（竹下登《たけしたのぼる》氏）だった。大叔父《おおおじ》さんも大臣（竹下亘《わたる》氏）になった。大叔父さんは、今、病気で悪いから、次、出ないか」と、自民党から、ねえ？　やられたり、まあ、いろいろ声はかかってるとは思うけどさあ。

綾織　はい、はい。

堺屋太一　ねえ？　私がな、その気になればさあ、奥《おく》さんのほうから手を回してね、「大川隆法さんは、君にもうちょっと活躍してほしいと思ってるらしいよ。君があと十年活躍するためには、立候補しないほうがいいと思うな。どうしても出るって言うんなら、幸福実現党から出たら、もしかしたら、許してもらえるかもしれないな」って言うことだって、できないわけはない。

綾織　まあ、そういうこともいいのかもしれませんけれども、まずは……。

堺屋太一　ＤＡＩＧＯでもね、自民党から出りゃあ、当選するんだよ。

綾織　まあ、その可能性は高いですね。

堺屋太一　幸福実現党から出るなら、当選はかなり難しいが、注目度を集めることは確実だ。

アントニオ猪木《いのき》が当選できるんだったら、彼だって当選できる可能性はある。

森國　何か、〝引っ掛《か》かり〟が残っていらっしゃるところがあるのですか。

堺屋太一　まあ、この世でねえ、もうちょっと、自分でこう、何かフィクサーみたいになってさあ、政権を誕生させたり、そういうのを、やってみたかったんだけどな。もし、寿命《じゅみょう》がもうちょっとあればな。

森國　なるほど。

堺屋太一　うーん。そこまでは行かなかったなあ。

「私に、菩薩《ぼさつ》かエンゼルか知らんが、つけてくれよ」

綾織　やはり、渡部昇一先生も、クリスチャンとして、本当にしっかり宗教を学ばれて……。

堺屋太一　あれ、ほんとにクリスチャンなの？

綾織　かつ、仏教的な考え方も、しっかりされて……。

堺屋太一　いやあ、クリスチャンじゃなくて、あれは国粋《こくすい》主義者でしょう、完璧《かんぺき》な。

綾織　それでいて、幸福の科学にも非常に理解がありましたので、やはり、そのあたりの……。

堺屋太一　彼、商売上手なのよ。とっても八方美人《はっぽうびじん》で、「学者の安倍《あべ》さん」みたいなのを地で行《い》ってるから。いろんなところに一生懸命《いっしょうけんめい》〝いい顔〟して、そしてね、あのね、自分の〝買い手〟を増やしてるのよ。こうしたら、いろんな宗教でも何でも買ってくれる。

　松下幸之助《まつしたこうのすけ》もこれをやったんで。いろんな宗教へ行っては、寄附《きふ》したりして、顔を広めてきて、創価学会《そうかがっかい》でも、池田《いけだ》（大作《だいさく》）と対談してみたりして、電化製品を買わせるのが目的……。

綾織　まあ、ちょっと、そのへんの、（堺屋さんの）〝商売っ気《け》〟みたいなところも、若干《じゃっかん》、障《さわ》りがあるところはあるかもしれませんね。

堺屋太一　いや、私は官僚だから、給料が法律で決まってたからさ、努力のしようがなかったからさあ、まあ、そんな大したことないんですよ。

私の印税なんか、どうせ、大川先生の百分の一もありゃあ、ええほうでしょうから。いや、百分の一もないわな。君らみたいな、教団を養えるんだから、これはすごいわな。もう桁《けた》が違《ちが》うだろう、おそらくな。

綾織　そうですね。

堺屋太一　これ、もう〝油が噴《ふ》いてる〟のと変わらないわ、ほぼ、ボーンッと。ちょっと、今日、その理由がよく分かったような気がするわ。

綾織　ああ、そうですか。

堺屋太一　油、噴いてんだ。

だって、普通《ふつう》、作家でさあ、採算ラインが三千部なんだけど、三千部の採算ラインでも出してくれないんだから、原稿《げんこう》を持っていっても。普通の出版社は出してくれないんで。だから、一万部売れる本なんて、めったにありゃしねえからさあ。

幸福の科学出版の社長を、さっき、だいぶ悪く言ったけど、もっと悪く言えば、そんなもん、〝寝《ね》てても儲《もう》かる〟ようになってるじゃん。こんなの、ありえないよ。

綾織　いえ、いえ、頑張《がんば》っていると思います。

堺屋太一　ええ？　幻冬舎《げんとうしゃ》の社長なんて、あんたらうらやましいだろう。広告が大きくてうらやましいかもしれないけど、いつも博打《ばくち》、ずうっとやってるじゃない。博打の連続やで。もう一代で終わりだよ、あれ。

綾織　あの世は、信仰がすべての世界でございまして。

堺屋太一　ああ、それ、それを勉強しようと思ってんだよ、今。ね？

綾織　はい。そうですね。

堺屋太一　で、私に、何か適当な、エンゼルでも何でもいいけど、菩薩《ぼさつ》かエンゼルか知らんが、つけてくれよ。

綾織　いや、おそらく、迎《むか》えに来ると思いますので。

堺屋太一　そうかなあ……。

綾織　先ほどおっしゃっていた、「大川総裁が金の仏像そのものである」という、この感覚を、ぜひ、忘れずに。

堺屋太一　じゃあ、（この本の）表紙は、次は、金の仏像を堺屋太一が横からなでてるような感じの、あるいは、手を出して、「私にも下さい」って……。

「成仏《じょうぶつ》と引き換《か》えに、幸福実現党の顧問《こもん》に」と願う堺屋氏

綾織　今日、「あの世において、何がいちばん大切なのか」ということを、ちょっと実感されている部分があると思いますので。

堺屋太一　悟《さと》りが低いから、ちょっと、よく分からない。だけど、橋下《はしもと》（徹《とおる》）君だって、信仰心がないわけじゃないんだよ。持ってる。ぼんやり持ってて、大川先生をそうとう尊敬してるから、「維新《いしん》」をもらえるんじゃないか？　もしかしたら。

綾織　そのへんは、（質問者の）森國さんが頑張っていくかもしれません。

堺屋太一　あと、「希望の党」も、もらったらいいよ。小池《こいけ》（百合子《ゆりこ》）さんを持ち上げてやったんだろ？　もういいよ。もう先はないから、もらったらいいよ。

綾織　なるほど。

堺屋太一　あのへんね、もらって。もらったら、みんな入れてあげたらいいのよ。

綾織　分かりました。

おそらく、私どもとのご縁で、誰か、導きの霊が行かせていただくと思いますので、それをしばらく待っていただいて。

堺屋太一　内閣（官房《かんぼう》）参与《さんよ》で抑《おさ》え込めるんだからさ、「幸福実現党参与」っていうので、ちょっと入っていただければ。小池さんと、橋下さんに入っていただいて、それ、みんな、もらったらいいんちゃうの。

綾織　そのへんは、いろいろ考えながらやっていきたいと思います（笑）。

森國　この世的には〝いい人生〟を送っていらっしゃったので、いろいろな方への感謝を深めてみては……。

堺屋太一　うーん。僕《ぼく》はねえ、何か、君が総理大臣になるように見えてしょうがないなあ。

森國　はあ……。

堺屋太一　な？　頑張ってみるか？

森國　あのー、大事なのは、心でして。

斎藤　そうですね。

堺屋太一　うん。だからねえ、いや、幸福実現党が主力になってね、『堺屋太一の霊言』を五万部以上売ってくれたら、君が総理大臣になれるような気がする。

斎藤　〝バーター〟はあんまりやりませんので（苦笑）。

李登輝《りとうき》元総統も、台湾《たいわん》から、大川隆法総裁先生宛《あ》てに、親書《しんしょ》、直筆《じきひつ》の手紙とＤＶ

D集というか、七時間半にわたる記録映像を贈《おく》られたということで、総裁に、「台湾の未来をよろしく頼《たの》む」といったかたちで、託《たく》しておられたそうです。

堺屋太一　うん、うん、そうだね。あれは、日本語も全部、読めるからね。よく知ってるから。

斎藤　そのように、今、著名人の方も、みなさん、大川隆法総裁先生を、ワールド・ティーチャー（世界教師）、国師として、いろいろなかたちで尊敬されて……。

堺屋太一　分かった！　決めた！

斎藤　えっ？　えっ？

堺屋太一　私は、霊になってからあとは、維新からはちょっと距離《きょり》を取って、幸福実現党の顧問《こもん》に就任することにする。

斎藤　勝手に決められるわけではないですよ（苦笑）。

堺屋太一　いやあ、したい。顧問、顧問に就任……。

斎藤　厳しい監査《かんさ》があります。

堺屋太一　じゃあ、成仏《じょうぶつ》と引き換《か》え条件に顧問！

綾織　いや、いや、引き換えというか、成仏しましたら、ぜひですね……。

堺屋太一　いや、いや。顧問にしてくれたら成仏できる。

綾織　うーん。

森國　渡部昇一先生は、死後にいらっしゃったとき、「死んで一年もたつと、この世が非常に遠く感じられる」ということをおっしゃっていましたよ。

堺屋太一　いやあ、（渡部昇一さんを霊言で）呼び出そうとしてたんで。何か、二周忌《き》で呼び出して、「台湾問題や韓国《かんこく》問題で言いたいことがあるだろうなあ」って言ってたけど。「そんなのだったら、私のほうを先にやってくれ」っていう。〝死にたてのほやほや〟だからさ。

綾織　まずは、宗教、信仰の部分で学んでいただいて……。

堺屋太一　渡部先生には、もうちょっと小さなテーマでね、「竹島《たけしま》をどうする」とかさ、「尖閣《せんかく》をどうする」とか、そういうことを訊いたらいいよ。

綾織　ぜひ、その部分の学びを深めていただいて、そのあと、もしかしたら、顧問というのもあるかもしれません。

堺屋太一　いやあ、いいんじゃない？　死んでるけど、まあ、あなた、宗教ですから、「生きてる、死んでる」の問題じゃない。生き通しの命なんで。「幸福実現党顧問・堺屋太一」って、こう入ったらさあ、やっぱり、何か話題性があるよ、話題性が、君。

綾織　はい。

堺屋太一　「死んで、顧問になりたい」っていうの、この執念《しゅうねん》。「日本をよくしたい」っていう執念。

森國　今日は、いろいろなアドバイスや知見《ちけん》を頂いたので。

堺屋太一　よかったら、君たちの幹部会で承認されたら、名前を出してもいいよ。

綾織　いったん、この世のことを忘れていただいて、ゆくゆくは、またアドバイスを……。

堺屋太一　そうは言ったって、君だって、部数が減ったらクビになる運命だろ?

綾織　まあ、そうですね。はい。

堺屋太一　それは、ねえ？　仕える身としては。

斎藤　交渉《こうしょう》は、もうやめていただいて……。

堺屋太一　「ザ・リバティ」も、あと五千部減ったら危ねえだろ？

綾織　「ザ・リバティ」も含《ふく》めて、忘れていただいて、ぜひ、ご自身の、あの世のあり方というものを考えていただければと思います。

「自分の過去世《かこぜ》はまだ分かりません。でも、明るいでしょ？」

堺屋太一　だから、私はねえ、すごいね、〝控《ひか》えめな人間〟なんですよ。死んで、一カ月ちょっとまで我慢《がまん》してね。一カ月と二日？

やっぱり、（大川総裁の）台湾巡錫《じゅんしゃく》を邪魔《じゃま》しないように静かーにして、宇宙人とか、いっぱい、ゴチャゴチャ降りてるらしいけど、じーっと我慢して、「私には人気がないのかなあ。ニーズがないのかなあ」とか、こう、じーっと見ながら、ねえ？

綾織　今日は、本当にありがとうございます。素晴《すば》らしい……。

堺屋太一　「今日、みんなが、映画で、また『僕の彼女は魔法使い』（製作総指揮・原案　大川隆法／二〇一九年二月二十二日公開）を観《み》に行かなきゃいけないところを、お引き止めしたら悪いかなあ。映画を観に行くのが、何十人か減るなあ」とか、そこまで謙虚《けんきょ》に考えながら、問い合わせしてるんだよ？

綾織　はい。ありがとうございます。

これ以上述べると、もしかしたら、ちょっと障りが出る可能性もありますので

（苦笑）。

堺屋太一　あ、そう？

綾織　はい。たいへん、未来が見えるお話を頂きました。

斎藤　ええ。情熱がよく分かりましたので。はい。

堺屋太一　あっ、あ、はい。

斎藤　今日は智慧《ちえ》を頂きました。ありがとうございます。

堺屋太一　自分の過去世《かこぜ》はまだ分かりません。もうちょっと高いところに上がったら分かるかもしれません。魂のきょうだい、まだ挨拶に来ません。何だか、みんな無精者《ぶしょうもの》ばかりで、来ません。なぜか、これ（『守護霊インタビュー　堺屋太一　異質な目　政治・経済・宗教への考え』〔幸福の科学出版刊〕）をしゃべった人も、今、まだ現れてないんで。

綾織　なるほど。

堺屋太一　うーん、何だか、まだ、チェッ（舌打ち）、穢《けが》れがあるのかなあ。

綾織　分かりました。そのへんの霊界事情としても、非常に興味深いところが……。

堺屋太一　でも、明るいでしょ？　明るいでしょ？

綾織　そうですね。

堺屋太一　地獄《じごく》と思わないでしょ？

綾織　……と思われます。

堺屋太一　な？　ねっ？　ねっ？

綾織　はい。

堺屋太一　君が、そうおっしゃるぐらいだから、まあ……。だから、大丈夫《だいじょうぶ》だ、きっと。

綾織　（笑）はい。

斎藤　「（大川総裁を）金の仏像として見える」というのは大きいですね。

堺屋太一　だから、まあ、毛沢東《もうたくとう》と手を組んで、（幸福の科学出版の）佐藤《さとう》社長を殺すのは、ちょっと遠慮《えんりょ》するわ。ね？　それは五月以降、考えるわ。

綾織　いずれ助けていただければと思います。

斎藤　時間となってきています。

綾織　本当にありがとうございました。

堺屋太一　出損《でぞん》じゃ……。〝広告を打たんかったら殺す〟からね、ほんとに。

斎藤　（苦笑）

綾織　ええ。頑張ります。

斎藤　はい！　ありがとうございました。

堺屋太一　いやあ、すみませんでした。はい、ありがとうございました。

質問者一同　ありがとうございました。

13　堺屋太一氏の今回の霊言《れいげん》を終えての感想

大川隆法　（手を三回叩《たた》く）だんだん明るくなってこられ、機嫌《きげん》がよくなっていましたが……。

綾織　はい。

大川隆法　死後、取っつき先がなくて、どうしたらいいのか、困っていたような感じですかね。「幸福の科学に出ていいかな。それだけのコネクションがあったかな。どうかなあ」というところでしょうか。まあ、それほど、ねえ？　ほかの人は少し手伝ってくれていたからね。渡部昇一《わたなべしょういち》先生も手伝ってくれていたし、外交官の岡崎《おかざき》久彦《ひさひこ》さんも、うちのＨＳ政経塾《せいけいじゅく》を手伝ってくれていたしね。

綾織　はい。そうですね。

大川隆法　日下公人《くさかきみんど》先生も、私の本の出版記念パーティーで挨拶《あいさつ》に来てくれたり、ＨＳＵで講話をしてくれたり、いろいろとやってくれているからね。

その意味で、（堺屋さんとは）まだ少し縁《えん》が薄《うす》かったかもしれないと思います。

綾織　そうですね。

大川隆法　（『守護霊《しゅごれい》インタビュー　堺屋太一　異質な目　政治・経済・宗教への考え』〔前掲《ぜんけい》〕に手を触《ふ》れて）この本を出していて、まだ来たということは、「本人が、これを読んで、『そのとおりだろう』と思っていた」ということでしょうね。「間違《まちが》っている」と思うなら、来ないでしょうから。

綾織　はい。

大川隆法　そういうことで、今日を境に、堺屋さんは、きっと……。

綾織　（笑）（会場笑）

大川隆法　「明るい世界に向かわれるのではないか」と思います。では、ありがとうございました（手を二回叩く）。

質問者一同　ありがとうございました。

〈付録〉本編の前に現れた堺屋太一《さかいやたいち》氏の「事前霊言《れいげん》」

二〇一九年三月十日　収録

幸福の科学　特別説法堂《せっぽうどう》にて

質問者

大川《おおかわ》紫央《しお》（幸福の科学総裁補佐《ほさ》）

［役職は収録時点のもの］

「天国に還《かえ》れるかどうか」を問い合わせに来た

堺屋太一　うーん……。

大川紫央　どなたかいますか。

堺屋太一　うん？　うん？

大川紫央　あなたは、どなたですか。

堺屋太一　うーん。うーん……。うーん。うーん。うーん。うーん。ハア。ハア。ハア。ハアー……。ハア。堺屋太一。

大川紫央　ＤＡＩＧＯ《ダイゴ》を政治家にしようとしていた方？

堺屋太一　ハハ（笑）、そんな小さいことを言うのか。維新《いしん》の連中がね、「先生が亡《な》くなった」と言って、たいへん悲しんでいるんだ。

大川紫央　一回、霊言《れいげん》は出させていただきました。

堺屋太一　昔な。でも、俺《おれ》じゃないよ。守護霊《しゅごれい》様だからさ。俺ほどの知名度があって、死んで（霊言が）出ないとなると、「何か問題でもあるんじゃないか」と、みんなは思うんじゃないかな、たぶん。

大川紫央　天国には還《かえ》れそうですか。

●一回、霊言は……　『守護霊インタビュー　堺屋太一 異質な目　政治・経済・宗教への考え』（前掲）参照。

堺屋太一　うーん。いや、それを相談しに来たんじゃないか。

大川紫央　なんで相談？　相談で決められることじゃないです。

堺屋太一　だって、俺みたいな評論家じゃあさ、分かんないじゃない。

大川紫央　何が。

堺屋太一　そんな、霊界《れいかい》のことが。

大川紫央　大丈夫《だいじょうぶ》です。「上」に行ってみたら、どこかに行けますから。

堺屋太一　「上」って何よ。

大川紫央　あの世です。

堺屋太一　あの世は、もう行ってるよ。

大川紫央　では、今はどんな世界にいるんですか。

堺屋太一　だからさ、ちょっと問い合わせに来たんやんけ。

大川紫央　周りに誰《だれ》かいますか。

堺屋太一　いやあ、まだ地上を徘徊《はいかい》してるからさあ。

大川紫央　まだ四十九日《しじゅうくにち》たってないですか？

堺屋太一　うん。まだ死んだばっかりでしょう、この前。まだ一カ月もたってないでしょう。葬式《そうしき》はこの前（二月十七日）やってるんで。そんなことはないでしょう。

大川紫央　亡くなったのは二月八日です。

堺屋太一　二月八日？　八日って何？　一カ月か。

大川紫央　四十九日はまだですが、一カ月はたっていますね。三十日ぐらい。

堺屋太一　うーん。「なんで（霊言の）本が出ねえんだろうなあ」って言ってる人もいるんで。

「橋下《はしもと》は終わった」「大阪維新《おおさかいしん》は、もうすぐ終わる」

大川紫央　どうして今日、来たんですか。

堺屋太一　まあ、たまたま……。いや、昨日《きのう》（二〇一九年三月九日）、「維新《いしん》の市長と知事とを入れ替《か》えて、立候補して、大阪《おおさか》都構想をやる」っちゅうて騒《さわ》いでるからさ、「何か訊《き》きたい人でもいるんかいな」と思って来たんだけど。

大川紫央　うーん、どうでしょうね。

堺屋太一　死んで三十日で忘れられるのか、私は。

●維新の市長と知事とを……　2019年3月8日、松井一郎《まついいちろう》大阪府知事と吉村洋文《よしむらひろふみ》大阪市長が、大阪都構想をめぐって、2019年4月7日に投開票される大阪府知事・大阪市長のダブル選挙に立場を入れ替えて出馬するため、辞表を提出した。

大川紫央　忘れられていないですよ。

堺屋太一　ああー……。もうちょっと惜《お》しまれると思ったがな。

大川紫央　いや、みんな惜しんでいますよ。

堺屋太一　そうかあ。「維新」をつくって、君たちの幸福実現党を邪魔《じゃま》したから、恨《うら》まれてるのかなと思って。君たちが上がるべきときに、あっちに取られたからさ。

大川紫央　なぜ維新が出てきたのか分かりませんでしたし、全然、〝維新〟もしていませんよね。

堺屋太一　君たちも「幸福維新」って言ってたしさ。だから、保守のほうだけど、隙間《すきま》のところを、橋下《はしもと》（徹《とおる》）君に取らせたんでさ。

大川紫央　でも、あなたの思想は、この間の守護霊霊言でもう出ているんじゃないでしょうか。

堺屋太一　そうかねえ。「大阪都構想」なんていうのは、この前失敗してるから、もうやっても駄目《だめ》だと思うんだけどなあ。「またやろう」って言うから、維新はもう策が尽《つ》きて、これ潰《つぶ》れるよ。

大川紫央　維新は潰れますね、はい。

堺屋太一　潰れる。次、これでダブル選挙やるけど。前、橋下で（住民投票を）やって負けてるのに。一回やって、ちょっと下がったあとで、もう一回やっても、今のやつらじゃ、人気ねえから負けちゃうわ。

大川紫央　放置しても、なくなっていきそうな雰囲気《ふんいき》ですけどね。

堺屋太一　まあ、君らね、維新のあと、（幸福）実現党が取ったらいいよ、頑張《がんば》ってね。

大川紫央　どうやったら取れるんでしょうか。

堺屋太一　分からん。分からんけど、とにかく、「君らが取るべきところを維新が取ってしまった」のは、間違《まちが》いないとは思うけどね。橋下が、ちょっとね、テレビに出て、〝スターしてた〟からね。口が立ってね。まあ、あれにやられたんだろうけど、あいつも、もう終わったよ。

あいつとか、小池《こいけ》とか、みんな終わったわな。小池百合子《ゆりこ》も、「希望の党」も終わったわ。

大川紫央　もう少し骨太《ほねぶと》の、ちゃんとした政治家が欲《ほ》しいですね。

堺屋太一　ああいう空気に乗る連中はね。スタンドプレーして空気に乗る小池の希望の党も、今はもう「環境《かんきょう》」なんて言ってる時代じゃねえし。
「大阪都ができて何がよくなるの」っていったって、何もよくなりゃしねえさ。ええ。大阪都だけで決めれることだったら、今、大阪府で決めれとる。国の機能まで二分したら、税金がもっと要《い》るようになるだろうよ、さぞかし。

大川紫央　大手企業《きぎょう》は、本社に次ぐ規模の支社を大阪に持っていますけどね。

堺屋太一　両本社制のところもいっぱいあるでな。
まあ、大阪はさ、公務員の給料が高いんだよ。税金が高いからさ。そんな、「都にして、ほかの県まで併《あわ》せて見る」なんてし始めたら、収入が減るぐらいのことだろ。アハハハ（笑）。
まあ、小池の希望の党と、大阪維新がもうすぐ終わるからさ、幸福実現党は、そのあれを狙《ねら》って取らないといけないぜ。敵というか、取るのはそこだよ。

大川紫央　はい。

堺屋太一　こんな霊言、出せねえからさ。私が（大阪維新の会を）指導したように言われてるからさ。「先生はあまりにも早く逝《い》きすぎた」って言われてるからさ。
でも、橋下君も終わったよ。「総理に」ってね。小池も「総理に」と言われた人。舛添《ますぞえ》（要一《よういち》）君も「総理に」とか言われてたけど、みんな終わっていったね。だいたい、「総理に」と言われたらあと、終わっていくんだね。まあ、いいんじゃない。チャンスは巡《めぐ》ってくることもあるさ。あんたがたの政党が苦戦してるのを、気の毒だなと思って、見てはいたんだけどね。

今はまだ、地上の人たちへの「挨拶《あいさつ》回り」をしている状態

大川紫央　堺屋先生はどんな世界に還《かえ》るのでしょうか。

堺屋太一　うん？　だから、それは、おたくと今相談して、コネをつけてもらおうとしとるやんけ。

大川紫央　岡崎久彦《おかざきひさひこ》さんとか。

堺屋太一　ああ、一緒《いっしょ》に仕事はしてたんやけどねえ。

大川紫央　職業としては、すごく遠くはないですね。

堺屋太一　私は通産省、向こうは外務省だよね。（私は）官僚《かんりょう》出身の評論家で、大阪万博《ばんぱく》をやったり、まあ、「（二〇二〇年の）東京オリンピックもやってくれるもんかと思うとった」なんて言われてるぐらいだけどね。

大川紫央　渡部昇一《わたなべしょういち》先生とはちょっと違いますか。

堺屋太一　いや、仕事は一緒によくしたよ。だけど、（私は死後）一カ月やけど、まだちょっと、どこに還るか分からんねん。

大川紫央　そうなんですか。守護霊様とかは来ましたか。

堺屋太一　うーん……。

大川紫央　まだ来てない？

堺屋太一　まだちょっとよく分からん。まだこの世の「挨拶《あいさつ》回り」ばかりしてるような状態で。

大川紫央　この世の挨拶回りをするときは、その人の守護霊にお礼をするんですか。

堺屋太一　というか、いやあ、そのー、この世の人しか知り合いがいないからさ。あの世の人で知り合いはいないんで。私、分からないんで。

大川紫央　家族で先に亡くなった人とか……。

堺屋太一　ああ、そういうのもいるのかな？　この世でいろいろ、まだねえ、私を引き止める念波《ねんぱ》が多くってね。うーん、まだまだ。

「ニーズがないなら引っ込《こ》む」と言いつつ、霊言《れいげん》収録を繰《く》り返し要望

堺屋太一　「何か総括《そうかつ》しなきゃいけないのかな」と思ったりするけど、ニーズがあるのかどうかぐらい、訊いてくれないかな？　ないんなら、引っ込《こ》むよ。

大川紫央　（笑）ないなら、引っ込んでくれるんですか。

堺屋太一　うーん。「堺屋太一は、ニュースバリューがない」っちゅうなら、引っ

込むけど。

大川紫央　ニュースバリューはあるけど、内容が……。

堺屋太一　「大して偉《えら》くないんだろう」っていうのは、前回の本で少し想像はついてるけどさ。

だけど、今はまだ、天上の、そんなに高いところに行ける状況《じょうきょう》でもねえから、しばらく滞留《たいりゅう》で、ちょっと……。まあ、この世に執着《しゅうちゃく》がまだあるんだろうな、きっとな。

大川紫央　何か執着があるんですか。

堺屋太一　いやあ、もうちょっと仕事をしたい……。

大川紫央　ＤＡＩＧＯを政治家にしたかったとか？

堺屋太一　違う（笑）。そういうことばかり責められると、きついなあ。

大川紫央　だって、（週刊誌等に）すごい書かれていたから。

堺屋太一　ああ、やっぱり本になんねえな。ＤＡＩＧＯのことは出したくないだろ？　君たちな。

大川紫央　もう少し中身のある人間を政治家にしようとしなければいけないと思います。

堺屋太一　今、テレビ受けするのが流行《はや》りだからね。

大川紫央　軽いんですよね。橋下さんにしても。

堺屋太一　そうだね。

大川紫央　話題性だけで、かき乱して、混乱させて終わる感じが多いですよね。

堺屋太一　そういうふうにはなったな。

私は、豊臣秀吉《とよとみひでよし》の本を書いたりさ、チンギス・ハンの本を書いたりさ、ちゃんと歴史ものも書いてはいるんだけどね。だから、全然、国家構想ができないわけじゃないんだが。

ただ、のし上がってくる人っていうのは、その時代で話題性がみんな、あるもんだけどなあ。ハハ。

大川紫央　分かりました。では、いったん……。

堺屋太一　ＤＡＩＧＯが引っ掛《か》かって、嫌《きら》いなら、まあ、引っ込むよ。

大川紫央　いやいや、そこだけではないんですが。

堺屋太一　いちおう来たけど、「ニーズがあるか」とだけ訊いてみて、ないなら結構で。みんな、「魔法使い」（映画「僕《ぼく》の彼女は魔法使い」）を観《み》に行くんで忙《いそが》しいっていうんなら、いいよ。結構だ。

大川紫央　でも、守護霊霊言《れいげん》を出させていただき、ありがとうございました。

堺屋太一　一般《いっぱん》にはね、岡崎さんも出したしさ。渡部昇一先生も出したから。まあ、「日下公人《くさかきみんど》先生も、死んだら出るもんだ」と思ってるしさあ。「長谷川慶太郎《はせがわけいたろう》さんも、死んだら出るもんだ」とみんな思ってるし。だから、私についても、「死んだら出るもんや」と思うとったから、「あれ？　出ないなあ」って……。

大川紫央　台湾《たいわん》に行っていたので、霊界がなかなか接続しづらかったところもあります。

堺屋太一　そんなことだって訊いてもらえれば、十分答えれるからさ。台湾や韓国《かんこく》やアメリカ、中国、ロシア。私の見解だけど、訊いてもらえば言える。ただ、天上界《てんじょうかい》の高いところの視点はない。まだ〝生前の続き〟だけどね。

まあ、（私の霊言を）「欲しいか欲しくないか」だけ訊いてくれて、「欲しくない」

って言ったら、習近平《しゅうきんぺい》と同じように……、いや、毛沢東《もうたくとう》か、毛沢東と一緒で、「（幸福の科学）出版の社長は、もう早めに死んでもらうことにしよう」と。

大川紫央　（笑）結局、霊言をやりたいんですね？

堺屋太一　ええ？　だから、毛沢東が「死ね」って言って、二月に死ななかったから、悔《くや》しがってるからさ。

大川紫央　出版社長に話が行く前に、「やってほしくないか、やってほしいか」、いつも結論が出るので。

堺屋太一　いや、出版社長に「四月以降も生きたいか、生きたくないか」を訊かないと、これ決められないんじゃないか。

大川紫央　そんなことはないです。

堺屋太一　だって、チンギス・ハンの本を書いてるんだよ、私。それ（チンギス・ハンの転生《てんしょう》）は、習近平だろ。習近平が〝殺しに来る〟んだからさ。

大川紫央　では、いったん訊いてみますね。

堺屋太一　はいはい。

あとがき

棺桶《かんおけ》のふたがしまるまで人の値打ちは分からないとよくいう。本書は死後一ヵ月の著名評論家の成績表でもある。

天上界に昇るには、まだ少し時間がかかりそうだ、というのが私の率直《そっちょく》な評価だ。

あの世に旅立つ時には、この世の地位も学歴も、財産も、名声もいったんゼロにして査定《さてい》される。

神仏の存在を考えて生きていたか。素直な信仰心は持っていたか。公平無私の心を持っていたか。愛の思い、利他《りた》の思いはいかほどであったか。

また、知識の時代とは言っても、この世限りの知識の虚《むな》しさは、現代的知識人にはとうてい分かりかねるものがあろう。

宗教的な意味をも含めた知価革命こそ、情報社会の先にある「究極の知価革命」と言えよう。

二〇一九年　四月十二日

幸福《こうふく》の科学《かがく》グループ創始者兼総裁《そうししゃけんそうさい》　大川隆法《おおかわりゅうほう》

『堺屋太一の霊言』関連書籍

『愛は憎しみを超えて』（大川隆法 著　幸福の科学出版刊）

『守護霊インタビュー　堺屋太一　異質な目　政治・経済・宗教への考え』（同右）

『毛沢東の霊言』（同右）

『渡部昇一　日本への申し送り事項　死後21時間、復活のメッセージ』（同右）

『渡部昇一　死後の生活を語る』（同右）

『外交評論家・岡崎久彦――後世に贈る言葉――』（同右）

『文在寅　韓国新大統領守護霊インタビュー』（同右）

『日銀総裁　黒田東彦　守護霊インタビュー』（同右）

『世界皇帝をめざす男――習近平の本心に迫る――』（大川隆法 著　幸福実現党刊）

『幸福実現党に申し上げる――谷沢永一の霊言――』（同右）

『日銀総裁とのスピリチュアル対話』（同右）

堺屋太一《さかいやたいち》の霊言《れいげん》

――情報社会の先にある「究極の知価革命」――

2019年4月25日　初版第1刷

著　者　　大《おお》　川《かわ》　隆《りゅう》　法《ほう》

発行所　　幸福の科学出版株式会社

〒107-0052 東京都港区赤坂2丁目10番14号
TEL(03)5573-7700
https://www.irhpress.co.jp/

印刷・製本　株式会社 堀内印刷所

落丁・乱丁本はおとりかえいたします

ISBN978-4-8233-0072-1 C0030

カバー Waxen/Shutterstock.com ／帯 Immersion Imagery/Shutterstock.com
p.22 時事／ p.113 Imaginechina/ 時事通信フォト
装丁・イラスト・写真（上記・パブリックドメインを除く）© 幸福の科学

大川隆法 霊言シリーズ・保守の評論家・言論人に訊く

日下公人のスピリチュアル・メッセージ

現代のフランシス・ベーコンの知恵

「知は力なり」──。保守派の評論家・日下公人氏の守護霊が、今、日本が抱える難問を鋭く分析し、日本再生の秘訣を語る。

1,400円

竹村健一・逆転の成功術

元祖『電波怪獣』の本心独走

人気をつかむ方法から、今後の国際情勢の読み方まで──。テレビ全盛時代を駆け抜けた評論家・竹村健一氏の守護霊に訊く。

1,400円

幸福実現党に申し上げる

谷沢永一の霊言

保守回帰の原動力となった幸福実現党の正論の意義を、評論家・谷沢永一氏が天上界から痛快に語る。驚愕の過去世も明らかに。【幸福実現党刊】

1,400円

司馬遼太郎 愛国心を語る

大局観なき日本の"週刊誌政治"に一喝。北朝鮮の延命戦略と韓国ファシズム、そして中国の「天下二分の計」に直面する今、司馬遼太郎が日本に必要な英雄像を語る。

1,400円

幸福の科学出版

大川隆法 ベストセラーズ・**繁栄をもたらす智慧と勉強法**

国家繁栄の条件

「国防意識」と「経営マインド」の強化を

現在の国防危機や憲法問題を招いた「吉田ドクトリン」からの脱却や、国家運営における「経営の視点」の必要性など、「日本の進む道」を指し示す。

1,500円

資本主義の未来

来たるべき時代の「新しい経済学」

なぜ、ゼロ金利なのに日本経済は成長しないのか？ マルクス経済学も近代経済学も通用しなくなった今、「未来型資本主義」の原理を提唱する！

2,000円

光り輝く人となるためには

クリエイティブでプロダクティブな人材を目指して

真の学問には「真」「善」「美」がなくてはならない──。芸能と政治のコラボなど、創造性・生産性の高い人材を養成するＨＳＵの圧倒的な教育力とは？【ＨＳＵ出版会刊】

1,500円

大川総裁の読書力

知的自己実現メソッド

区立図書館レベルの蔵書、時速2000ページを超える読書スピード──。1300冊（2013年時点）を超える著作を生み出した驚異の知的生活とは。

1,400円

※表示価格は本体価格（税別）です。

大川隆法 霊言シリーズ・東アジア情勢を読む

習近平守護霊 ウイグル弾圧を語る

ウイグル〝強制収容所〟の実態、チャイナ・マネーによる世界支配戦略、宇宙進出の野望——。暴走する独裁国家の狙いを読み、人権と信仰を守るための一書。

1,400円

毛沢東の霊言

中国覇権主義、暗黒の原点を探る

言論統制、覇権拡大、人民虐殺——、中国共産主義の根幹に隠された恐るべき真実とは。中国建国の父・毛沢東の虚像を打ち砕く必読の一書。

1,400円

日露平和条約がつくる新・世界秩序 プーチン大統領守護霊 緊急メッセージ

なぜ、プーチンは条約締結を提言したのか。中国や北朝鮮の核の脅威、北方領土問題の解決と条件、日本の選ぶべき未来とは——。【幸福実現党刊】

1,400円

文在寅守護霊 vs. 金正恩守護霊

南北対話の本心を読む

南北首脳会談で北朝鮮は非核化されるのか？ 南北統一、対日米戦略など、宥和路線で世界を欺く両首脳の本心とは。外交戦略を見直すための警鐘の一冊。

1,400円

幸福の科学出版

世界から希望が消えたなら。
製作総指揮・原案／大川隆法
竹内久顕　千眼美子　さとう珠緒　芦川よしみ　石橋保　木下渓
監督／赤羽博　音楽／水澤有一　脚本／大川咲也加　製作／幸福の科学出版　製作協力／ARI Production　ニュースター・プロダクション
制作プロダクション／ジャンゴフィルム　配給／日活　配給協力／東京テアトル　©2019 IRH Press
10.18 ROADSHOW

幸福の科学グループのご案内

宗教、教育、政治、出版などの活動を通じて、地球的ユートピアの実現を目指しています。

幸福の科学

一九八六年に立宗。信仰の対象は、地球系霊団の最高大霊、主エル・カンターレ。世界百カ国以上の国々に信者を持ち、全人類救済という尊い使命のもと、信者は、「愛」と「悟り」と「ユートピア建設」の教えの実践、伝道に励んでいます。

（二〇一九年四月現在）

愛

幸福の科学の「愛」とは、与える愛です。これは、仏教の慈悲《じひ》や布施《ふせ》の精神と同じことです。信者は、仏法真理をお伝えすることを通して、多くの方に幸福な人生を送っていただくための活動に励んでいます。

悟り

「悟り」とは、自らが仏の子であることを知るということです。教学《きょうがく》や精神統一によって心を磨き、智慧《ちえ》を得て悩みを解決すると共に、天使・菩薩《ぼさつ》の境地を目指し、より多くの人を救える力を身につけていきます。

ユートピア建設

私たち人間は、地上に理想世界を建設するという尊い使命を持って生まれてきています。社会の悪を押しとどめ、善を推し進めるために、信者はさまざまな活動に積極的に参加しています。

国内外の世界で貧困や災害、心の病で苦しんでいる人々に対しては、現地メンバーや支援団体と連携して、物心両面にわたり、あらゆる手段で手を差し伸べています。

年間約２万人の自殺者を減らすため、全国各地で街頭キャンペーンを展開しています。

公式サイト **www.withyou-hs.net**

ヘレン・ケラーを理想として活動する、ハンディキャップを持つ方とボランティアの会です。視聴覚障害者、肢体不自由な方々に仏法真理を学んでいただくための、さまざまなサポートをしています。

公式サイト **www.helen-hs.net**

入会のご案内

幸福の科学では、大川隆法総裁が説く仏法真理《ぶっぽうしんり》をもとに、「どうすれば幸福になれるのか、また、他の人を幸福にできるのか」を学び、実践しています。

入会

仏法真理を学んでみたい方へ

大川隆法総裁の教えを信じ、学ぼうとする方なら、どなたでも入会できます。入会された方には、『入会版「正心法語《しょうしんほうご》」』が授与されます。

ネット入会 入会ご希望の方はネットからも入会できます。
happy-science.jp/joinus

三帰《さんき》誓願《せいがん》

信仰をさらに深めたい方へ

仏弟子としてさらに信仰を深めたい方は、仏《ぶっ》・法《ぽう》・僧《そう》の三宝《さんぽう》への帰依を誓う「三帰誓願式」を受けることができます。三帰誓願者には、『仏説・正心法語』『祈願文《きがんもん》①』『祈願文②』『エル・カンターレへの祈り』が授与されます。

幸福の科学 サービスセンター
TEL 03-5793-1727
受付時間／火～金：10～20時 土・日祝：10～18時（月曜を除く）

幸福の科学 公式サイト
happy-science.jp

ハッピー・サイエンス・ユニバーシティ
Happy Science University

ハッピー・サイエンス・ユニバーシティとは

ハッピー・サイエンス・ユニバーシティ（HSU）は、大川隆法総裁が設立された「現代の松下村塾」であり、「日本発の本格私学」です。
建学の精神として「幸福の探究と新文明の創造」を掲げ、チャレンジ精神にあふれ、新時代を切り拓く人材の輩出を目指します。

人間幸福学部　経営成功学部　未来産業学部

HSU長生キャンパス TEL **0475-32-7770**
〒299-4325 千葉県長生郡長生村一松丙 4427-1

未来創造学部

HSU未来創造・東京キャンパス
TEL **03-3699-7707**
〒136-0076 東京都江東区南砂2-6-5　公式サイト **happy-science.university**

学校法人 幸福の科学学園

学校法人 幸福の科学学園は、幸福の科学の教育理念のもとにつくられた教育機関です。人間にとって最も大切な宗教教育の導入を通じて精神性を高めながら、ユートピア建設に貢献する人材輩出を目指しています。

幸福の科学学園

中学校・高等学校（那須本校）
2010年4月開校・栃木県那須郡（男女共学・全寮制）
TEL **0287-75-7777**　公式サイト **happy-science.ac.jp**

関西中学校・高等学校（関西校）
2013年4月開校・滋賀県大津市（男女共学・寮及び通学）
TEL **077-573-7774**　公式サイト **kansai.happy-science.ac.jp**

仏法真理塾「サクセスNo.1」

全国に本校・拠点・支部校を展開する、幸福の科学による信仰教育の機関です。小学生・中学生・高校生を対象に、信仰教育・徳育にウエイトを置きつつ、将来、社会人として活躍するための学力養成にも力を注いでいます。

TEL 03-5750-0747（東京本校）

エンゼルプランV　TEL 03-5750-0757

幼少時からの心の教育を大切にして、信仰をベースにした幼児教育を行っています。

不登校児支援スクール「ネバー・マインド」　TEL 03-5750-1741

心の面からのアプローチを重視して、不登校の子供たちを支援しています。

ユー・アー・エンゼル！（あなたは天使！）運動

一般社団法人 ユー・アー・エンゼル　TEL 03-6426-7797

障害児の不安や悩みに取り組み、ご両親を励まし、勇気づける、障害児支援のボランティア運動を展開しています。

NPO活動支援

学校からのいじめ追放を目指し、さまざまな社会提言をしています。また、各地でのシンポジウムや学校への啓発ポスター掲示等に取り組む一般財団法人「いじめから子供を守ろうネットワーク」を支援しています。

公式サイト mamoro.org　ブログ blog.mamoro.org

相談窓口 TEL.03-5544-8989

百歳まで生きる会

「百歳まで生きる会」は、生涯現役人生を掲げ、友達づくり、生きがいづくりをめざしている幸福の科学のシニア信者の集まりです。

シニア・プラン21

生涯反省で人生を再生・新生し、希望に満ちた生涯現役人生を生きる仏法真理道場です。定期的に開催される研修には、年齢を問わず、多くの方が参加しています。全国180カ所、海外12カ所で開校中。

【東京校】TEL 03-6384-0778　FAX 03-6384-0779

メール senior-plan@kofuku-no-kagaku.or.jp

幸福実現党

内憂外患《ないゆうがいかん》の国難に立ち向かうべく、2009年5月に幸福実現党を立党しました。創立者である大川隆法党総裁の精神的指導のもと、宗教だけでは解決できない問題に取り組み、幸福を具体化するための力になっています。

幸福実現党 釈量子サイト **shaku-ryoko.net**
Twitter **釈量子@shakuryoko**で検索

党の機関紙
「幸福実現NEWS」

幸福実現党 党員募集中

あなたも幸福を実現する政治に参画しませんか。

○幸福実現党の理念と綱領、政策に賛同する18歳以上の方なら、どなたでも参加いただけます。

○党費:正党員(年額5千円[学生 年額2千円])、特別党員(年額10万円以上)、家族党員(年額2千円)

○党員資格は党費を入金された日から1年間です。

○正党員、特別党員の皆様には機関紙「幸福実現NEWS(党員版)」(不定期発行)が送付されます。

＊申込書は、下記、幸福実現党公式サイトでダウンロードできます。
住所:〒107-0052 東京都港区赤坂2-10-8 6階 幸福実現党本部
TEL **03-6441-0754** FAX **03-6441-0764**
公式サイト **hr-party.jp**

幸福の科学出版

大川隆法総裁の仏法真理の書を中心に、ビジネス、自己啓発、小説など、さまざまなジャンルの書籍・雑誌を出版しています。他にも、映画事業、文学・学術発展のための振興事業、テレビ・ラジオ番組の提供など、幸福の科学文化を広げる事業を行っています。

アー・ユー・ハッピー？
are-you-happy.com

ザ・リバティ
the-liberty.com

幸福の科学出版
TEL **03-5573-7700**
公式サイト **irhpress.co.jp**

THE FACT

ザ・ファクト
マスコミが報道しない「事実」を世界に伝えるネット・オピニオン番組

ザ・ファクト 検索

NEW STAR PRODUCTION

ニュースター・プロダクション

「新時代の美」を創造する芸能プロダクションです。多くの方々に良き感化を与えられるような魅力あふれるタレントを世に送り出すべく、日々、活動しています。 公式サイト **newstarpro.co.jp**

ARI Production

ARI《アリ》 Production《プロダクション》

タレント一人ひとりの個性や魅力を引き出し、「新時代を創造するエンターテインメント」をコンセプトに、世の中に精神的価値のある作品を提供していく芸能プロダクションです。 公式サイト **aripro.co.jp**

大川隆法　講演会のご案内

大川隆法総裁の講演会が全国各地で開催されています。講演のなかでは、毎回、「世界教師」としての立場から、幸福な人生を生きるための心の教えをはじめ、世界各地で起きている宗教対立、紛争、国際政治や経済といった時事問題に対する指針など、日本と世界がさらなる繁栄の未来を実現するための道筋が示されています。

2019年3月3日 グランド ハイアット 台北（台湾）「愛は憎しみを超えて」

2018年12月11日 幕張メッセ「奇跡を起こす力」

2017年8月2日 東京ドーム「人類の選択」

2018年10月7日 ザ・リッツカールトン ベルリン（ドイツ）「Love for the Future」

2019年1月26日 広島県立文化芸術ホール「未来への希望」

講演会には、どなたでもご参加いただけます。
最新の講演会の開催情報はこちらへ。⟹

大川隆法総裁公式サイト
https://ryuho-okawa.org